Simon Brown

FENG SHUI LÖSUNGEN

Einfache Ratschläge für optimale Energie und ein harmonisches Leben

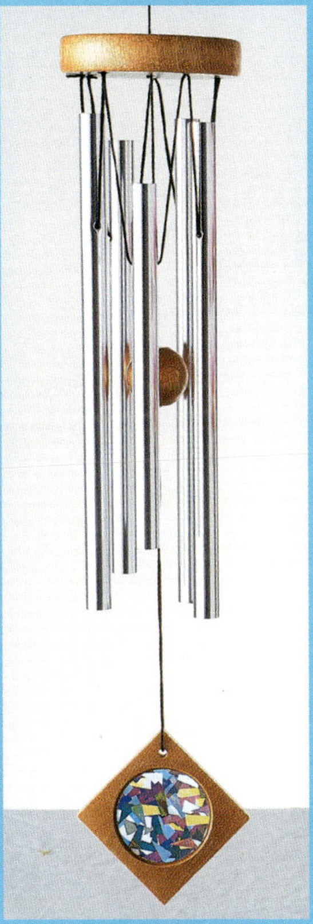

Aus dem Englischen von Rita Höner

ARKANA
Goldmann

Die englische Originalausgabe erschien 2000
unter dem Titel »Feng Shui Solutions« bei Cassell & Co, London

Umwelthinweis:
Dieses Buch und der Schutzumschlag wurden auf
chlorfrei gebleichtem Papier gedruckt.
Die Einschrumpffolie (zum Schutz vor Verschmutzung)
ist aus umweltfreundlicher und recyclingfähiger PE-Folie.

1. Auflage

Translated from the book originally produced by
Carroll & Brown Ltd., 20 Lonsdale Road,
Queen's Park, London NW6 6RD
Lektorat: Gerhard Juckoff
Umschlaggestaltung: Design Team München
Umschlagabbildung: Guido Pretzl
Satz: Uhl + Massopust, Aalen
Gedruckt und gebunden in Großbritannien
bei Butler & Tanner Ltd
ISBN 3-442-33637-6
www.goldmann-verlag.de

Inhalt

Was Ihnen dieses Buch bietet

Grundlage des Feng Shui ist die Überzeugung, dass eine als Chi-Energie bezeichnete Lebenskraft Ihre gesamte Umgebung durchströmt und Ihre Gedanken und Gefühle stark beeinflusst. Anordnung, Ausrichtung und Inhalt Ihres Umfeldes wirken sich auf den Chi-Fluss aus; deshalb tragen manche Orte und Umgebungen mehr zu Ihrem Erfolg bei als andere. Mit Feng Shui können Sie diesen Chi-Fluss durch einfache Maßnahmen in Wohnung und Büro so verändern, dass Sie gesünder, wohlhabender und glücklicher werden.

Ich habe hier über hundert Feng-Shui-Lösungen zusammengetragen, die für häufig vorkommende Probleme geeignet sind: vom Kennenlernen des richtigen Partners über eine bessere Eltern-Kind-Beziehung bis zu einer erfolgreicheren Karriere, mehr Wohlstand und besserer Gesundheit. Jede Lösung beinhaltet verschiedene, meist sehr simple und kostengünstige Möglichkeiten, die Atmosphäre oder Chi-Energie in Ihrer Wohnung positiv zu verändern. Viele Probleme können allein dadurch behoben werden, dass Sie im Schlafzimmer Ihr Bett an eine andere Stelle rücken. Auch neue Farben, Muster oder Formen im Raum wirken verändernd.

Andere Lösungen sind komplizierter, denn Sie müssen anhand eines maßstabgetreuen Grundrisses ermitteln, zu welcher Himmelsrichtung die einzelnen Bereiche von Wohnung oder Büro gehören. Oft sollen Sie dort nämlich einen bestimmten Gegenstand platzieren oder generell die Einrichtung verändern. Beispielsweise wird Ihnen geraten, eine gelb blühende Topfpflanze in den Südwesten Ihrer Wohnung zu stellen, wenn Sie Freundschaften vertiefen wollen. Zwei rote Rosen im Westen der Wohnung verstärken romantische Gefühle, und eine Pendeluhr aus Metall im Nordwesten erleichtert den Übergang vom Beruf in den Ruhestand. Anweisungen zum Erstellen eines Feng-Shui-Grundrisses finden sich auf S. 8–10.

Um die hier vorgestellten Lösungen umzusetzen, brauchen Sie kein Feng-Shui-Experte zu sein. Für interessierte LeserInnen erörtere ich jedoch in den ersten beiden Kapiteln auf speziellen Seiten die Grundlagen des Feng Shui: Chi-Energie, Yin und Yang, die Fünf Elemente, die Acht Richtungen und die Neun-Ki-Astrologie. Auch in den übrigen Kapiteln finden sich immer wieder Seiten zur Erklärung der »Werkzeuge« des Feng Shui: Pflanzen, Spiegel, Kristalle, Wasserobjekte, Klänge, Muster, Farben, Materialien usw. Sie alle regen die günstigen Chi-Energien an und schützen vor den schädlichen. Wenn Sie sofort etwas über diese Hilfsmittel lesen wollen, verweist das Inhaltsverzeichnis Sie auf die entsprechenden Seiten. Weiter führende Feng-Shui-Kenntnisse vermitteln meine Bücher *Feng-Shui-Praxis* und *Feng Shui – Was Sie wirklich darüber wissen müssen.*

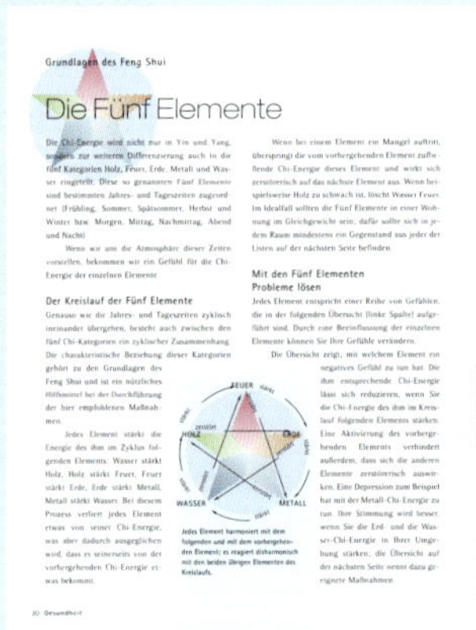
Grundlagen des Feng Shui

Die Fünf Elemente

Der Kreislauf der Fünf Elemente

Mit den Fünf Elementen Probleme lösen

Sie brauchen keine fortgeschrittenen Feng-Shui-Kenntnisse, um mit diesem Buch zu arbeiten, aber interessierte LeserInnen finden auf speziellen Seiten Erklärungen zu den Grundlagen und Hilfsmitteln des Feng Shui.

KAPITEL 1 beschäftigt sich mit der Gesundheit, vor allem mit Ernährung, Fitness, Schwangerschaft, häufigen Beschwerden, dem seelischen Wohlbefinden und Schlafstörungen.

KAPITEL 2 behandelt Probleme, die mit den Finanzen zu tun haben, etwa wie Sie Ihren Reichtum mehren und bewahren oder Ihre Einstellung zu Geld verändern.

KAPITEL 3 widmet sich den Beziehungen, beispielsweise einen passenden Partner zu finden, Bindungen zu festigen, sexuelle Probleme zu lösen oder eine Beziehung freundschaftlich zu beenden.

KAPITEL 4 bietet Lösungen für familiäre Probleme, etwa im Zusammenhang mit den Mahlzeiten, den Kindern, Verwandten, Festen und dem allgemeinen Zusammenleben.

KAPITEL 5 konzentriert sich auf Themen, die Ihre berufliche Tätigkeit betreffen, zum Beispiel eine Arbeit finden, erfolgreich sein, Probleme am Arbeitsplatz lösen und in den Ruhestand gehen.

So arbeiten Sie mit diesem Buch

Die fünf Kapitel dieses Buches beschäftigen sich mit je einem Lebensbereich. Wenn Sie ein Problem lösen wollen, müssen Sie es zunächst einem Bereich zuordnen: Gesundheit, Finanzen, Beziehungen, Familie oder Beruf. Gehen Sie dann zur ersten Seite des entsprechenden Kapitels – dort finden Sie eine detailliertere Themenliste, die Ihr Problem weiter eingrenzt. Lesen Sie auf den für Sie relevanten Seiten die Fragen durch, bis Sie die finden, die Ihrem Problem am nächsten kommt.

Wenn Sie beispielsweise seit einer Weile auf Partnersuche sind, den Richtigen aber immer noch nicht gefunden haben, sehen Sie zuerst im Kapitel *Beziehungen* auf S. 65 nach. Dort finden Sie fünf spezifische Themenbereiche: Freundschaften, den idealen Partner finden, Bindungen festigen, sexuelle Probleme lösen, allgemeine Probleme lösen. Bei den Fragen des zweiten Themenkreises greift eine Ihr spezielles Problem auf: »Ich bin seit einiger Zeit Single. Obwohl ich vielen Menschen begegne, habe ich den richtigen Partner noch nicht gefunden. Können Sie mir ein paar Feng-Shui-Vorschläge machen?« Wenn keine Frage Ihr Problem genau trifft, suchen Sie die Frage aus, die Ihrem Problem am nächsten kommt, und wenden Sie die vorgeschlagene Lösung an.

Manchmal müssen Sie zuerst die Ursache Ihres Problems herausfinden. Wenn Sie zum Beispiel meinen, dass Sie nicht so reich sind, wie Sie Ihres Erachtens sein müssten, kann das an mangelndem Geschäftssinn, der Unfähigkeit zu sparen oder einer negativen Einstellung zu Geld liegen – all diese Themen werden in Kapitel 2 abgehandelt. Obwohl alle

Lösungen innerhalb eines Themenbereichs Ihnen bis zu einem gewissen Grad weiterhelfen, sind die Ergebnisse am besten, wenn Sie sich an die Frage halten, die Ihrem Problem am nächsten kommt.

Lesen Sie zunächst alle Lösungsvorschläge durch. Setzen Sie dann als Erstes den einfachsten um; manchmal ist damit das Problem bereits vom Tisch. Es kann auch sein, dass Sie mehrere Maßnahmen ausprobieren müssen, bevor Sie eine Verbesserung feststellen. Wenn Ihr Problem hier überhaupt nicht vorkommt, können Sie mithilfe der Feng-Shui-Grundsätze selbst eine Lösung erarbeiten. Wenn Sie zum Beispiel unglücklich sind, müssen Sie herausfinden, ob mehr Yin oder mehr Yang Ihnen helfen würde. Sie können dann entscheiden, welche Himmelsrichtung und welche Neun-Ki-Phase am günstigsten für Sie sind.

Bei vielen Lösungen habe ich am Ende einen Hinweis auf den besten Zeitpunkt für eine Veränderung gegeben. Diese Empfehlungen beruhen auf einem japanischen Astrologiesystem, das als »Neun Ki« bezeichnet wird. Um damit zu arbeiten, müssen Sie anhand Ihres Geburtsjahres Ihre persönliche »Neun-Ki-Zahl« ermitteln. Details dazu finden sich auf S. 52–53.

Unter der Überschrift »Gesunder Menschenverstand« habe ich Maßnahmen aufgeführt, die nichts mit einer Veränderung der Atmosphäre in Ihrer Wohnung zu tun haben, sondern mit bestimmten Nahrungsmitteln oder einer gesünderen Lebensweise. Weitere spezielle Hinweise sind in den »Besser nicht«-Kästchen aufgeführt.

Je nach angebotener Feng-Shui-Lösung ist der Seitenhintergrund unterschiedlich, wie rechts gezeigt.

Problem

Seit ich umgezogen bin, ist mein Asthma wesentlich schlimmer geworden. Wie kann Feng Shui mir helfen?

Lösung

Dem Feng Shui zufolge wird Asthma durch träge, stagnierende Chi-Energie begünstigt. Ideal für Asthmatiker ist daher eine Wohnung mit sauberer, frischer, staubfreier Luft ohne Feuchtigkeit und Schimmel.

Staub sammelt sich am ehesten in Teppichen, Vorhängen und Polstermöbeln an; entscheiden Sie sich deshalb möglichst für Holzfußböden und Rollos und sorgen Sie für eine häufige Reinigung aller textilen Elemente. Pflanzen absorbieren Feuchtigkeit und reinigen die Luft; also holen Sie sie reichlich ins Haus, vor allem in Küche und Bad, wo sich leicht Feuchtigkeit und Schimmel festsetzen. Pflanzen im Schlafzimmer geben günstige Chi-Energie ab, während Sie schlafen.

Der Westen und der Nordwesten haben mit der Lunge zu tun und sollten deshalb in Ihrer Wohnung besonders sauber, ordentlich und staubfrei sein. Damit das Chi in diesen Bereichen nicht stagniert, empfiehlt es sich, Müll, verdorbene Lebensmittel und welke Blumen sofort zu entsorgen. Achten Sie beim nächsten Umzug darauf, dass Küche, Bad und Nutzräume nicht im Westen oder Nordwesten liegen und dass jeder Raum ein Fenster hat.

Die Gesundheit Ihrer Haut hat einen subtilen Einfluss auf die Lunge; tragen Sie deshalb immer Kleidung aus reiner Baumwolle oder anderen Naturfasern – Synthetik lädt sich statisch auf, was die Haut reizen kann. Rubbeln Sie die Haut jeden Tag mit einem warmen, feuchten Handtuch ab, das erfrischt und kräftigt sie.

Besser nicht

Verzichten Sie auf Lebensmittel, die das Blut verdicken, etwa Milchprodukte, Eier und Fleisch. Weißmehlprodukte wie Weißbrot und Nudeln können Asthma verschlimmern; ersetzen Sie sie durch Vollkorngetreide, zum Beispiel Vollreis, Gerstenschrot und grobe Haferflocken. Grüne Blattgemüse stärken das Lungen-Chi.

Gesundheit 27

Wenn ein Raum eine bestimmte Chi-Energie braucht, ist der Text mit einem strukturierten Feld unterlegt, und ein Foto veranschaulicht die Art der angestrebten Atmosphäre.

Problem

Es fällt mir sehr schwer, andere an meinem Reichtum teilhaben zu lassen. Meine Freunde halten mich für geizig, aber ich bin einfach kein Leichtfuß. Wie kann Feng Shui mir helfen?

Lösung

Die Unfähigkeit zu teilen zeigt, dass Ihre persönliche Chi-Energie enge Grenzen hat. Damit sie sich besser entfalten kann, sollten Sie kleine Zimmer und beengte Räume meiden. Eine mit Möbeln und Textilien – schweren Vorhängen, Tischdecken, Kissen – überladene Wohnung verhindert, dass Sie aus sich herausgehen, und erhöht die Neigung, Dinge für sich allein behalten zu wollen; also verzichten Sie möglichst auf solche Gestaltungselemente. Auch die Farben Braun, Beige und Dunkelgelb, die mit der Wahrung des Besitzstandes zu tun haben, machen das Teilen schwer.

Sorglosigkeit und Großzügigkeit entsprechen der Chi-Energie des Südens; Sie fördern sie, wenn Sie purpurfarbene Gegenstände im Süden Ihrer Wohnung platzieren und jede Menge Sonnenlicht hereinlassen. Bilder mit sonnigen Szenen können Sie zu den Gedanken anregen, die mehr Feuer-Energie in Ihrem Körper erzeugen. Den gleichen Effekt hat Kerzenlicht.

Damit Sie in Bezug auf Ihren Reichtum flexibler werden, sollten Sie sich mit mehr Wasser-Chi-Energie umgeben. Das geht am leichtesten durch ein Wasserobjekt im Osten oder Südosten Ihrer Wohnung. Im Idealfall sollte das Wasser in Bewegung sein, etwa als kleiner Wasserfall. Cremetöne, glitzernde Oberflächen und gerundete Gegenstände, die Sie in Form von Möbeln, Glasskulpturen oder Dekostoffen in die Wohnung bringen können, vermehren ebenfalls die Wasser-Chi-Energie.

Zu viel Erd- oder Metall-Chi-Energie, die dem Südwesten, Westen, Nordwesten und Nordosten entsprechen, können Ihr Problem verschärfen; achten Sie darauf, dass diese Bereiche sauber und aufgeräumt sind. Generell ist es günstig, wenn die ganze Wohnung ordentlich ist.

Probieren Sie auch, welche Wirkung es hat, wenn der Süden oder der Norden eine Zeit lang Ihre Schlaf- und Blickrichtung ist. Vielleicht hilft Ihnen das, sich leichter vom Geld zu trennen. Langfristig sind diese Richtungen allerdings nicht günstig, weil der Süden Sie zu emotional und der Norden zu einsam machen kann.

Die hitzige, leidenschaftliche Chi-Energie des Südens macht sorgloser; purpurfarbene Gegenstände im Süden der Wohnung verstärken sie.

Finanzen 61

Wenn die Chi-Energie mehrerer Richtungen angeregt oder beruhigt werden kann, erscheint ein kleiner Kompass; ein Sektor ist farblich hervorgehoben, und es werden Gegenstände gezeigt, die Sie in dieser Richtung platzieren sollen.

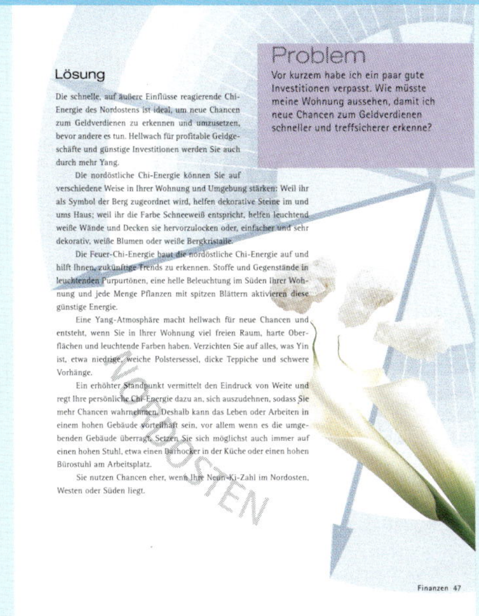

Problem

Vor kurzem habe ich ein paar gute Investitionen verpasst. Wie müsste meine Wohnung aussehen, damit ich neue Chancen zum Geldverdienen schneller und treffsicherer erkenne?

Lösung

Die schnelle, auf äußere Einflüsse reagierende Chi-Energie des Nordostens ist ideal, um neue Chancen zum Geldverdienen zu erkennen und umzusetzen, bevor andere es tun. Hellwach für profitable Geldgeschäfte und günstige Investitionen werden Sie auch durch mehr Yang.

Die nordöstliche Chi-Energie können Sie auf verschiedene Weise in Ihrer Wohnung und Umgebung stärken: Weil ihr als Symbol der Berg zugeordnet wird, helfen dekorative Steine im und ums Haus; weil ihr die Farbe Schneeweiß entspricht, helfen leuchtend weiße Wände und Decken sie hervorzulocken oder, einfacher und sehr dekorativ, weiße Blumen oder weiße Bergkristalle.

Die Feuer-Chi-Energie baut die nordöstliche Chi-Energie auf und hilft Ihnen, zukünftige Trends zu erkennen. Stoffe und Gegenstände in leuchtenden Purpurtönen, eine helle Beleuchtung im Süden Ihrer Wohnung und jede Menge Pflanzen mit spitzen Blättern aktivieren diese günstige Energie.

Eine Yang-Atmosphäre macht hellwach für neue Chancen und entsteht, wenn Sie in Ihrer Wohnung viel freien Raum, harte Oberflächen und leuchtende Farben haben. Verzichten Sie auf alles, was Yin ist, etwa niedrige, weiche Polstersessel, dicke Teppiche und schwere Vorhänge.

Ein erhöhter Standpunkt vermittelt den Eindruck von Weite und regt Ihre persönliche Chi-Energie dazu an, sich auszudehnen, sodass Sie mehr Chancen wahrnehmen. Deshalb kann das Leben oder Arbeiten in einem hohen Gebäude vorteilhaft sein, vor allem wenn es die umgebenden Gebäude überragt. Setzen Sie sich möglichst auch immer auf einen hohen Stuhl, etwa einen Barhocker in der Küche oder einen hohen Bürostuhl am Arbeitsplatz.

Sie nutzen Chancen eher, wenn Ihre Neun-Ki-Zahl im Nordosten, Westen oder Süden liegt.

Finanzen 47

Wenn die Chi-Energie einer einzigen Richtung beeinflusst werden muss, werden im Hintergrund ein großer Kompassausschnitt und Gegenstände gezeigt, die Sie in dieser Richtung platzieren sollen.

Problem

Mein Mann ist ein ziemlicher Tyrann, und das verleidet uns alles, was wir als Familie zusammen machen.
Es ist schlimmer geworden, seit wir umgezogen sind.
Wie kann Feng Shui uns helfen?

Lösung

Die Chi-Energie des Nordwestens entspricht dem Führen und Gebieten, das dem Vater zugeordnet wird. Wenn jemand zu viel von dieser Energie hat, wird er leicht zum Despoten, vor allem wenn es sich um einen Mann handelt. Wenn der tyrannische Partner die Frau ist, kann auch zu viel südwestliche Chi-Energie die Ursache sein; diese Richtung hat mit der traditionellen Rolle der Mutter zu tun. Die Situation wird daher am ehesten besser, wenn die nord- bzw. südwestliche Chi-Energie in Ihrer Wohnung abnimmt.

Dazu müssen Sie die Chi-Energie des Nordens stärken. Ihr entspricht das Element Wasser, das das dem Nordwesten zugeordnete Element Metall absorbiert. Die nördliche Chi-Energie kann diese Aufgabe besser erfüllen, wenn Sie cremefarbene Gegenstände mit glänzender Oberfläche, Gegenstände aus Glas oder solche mit geschwungenen, fließenden Formen im Nordwesten Ihrer Wohnung platzieren.

Wenn allerdings der despotische Partner die Frau ist, müssen Sie die Metall-Chi-Energie stärken, denn sie »schluckt« die dem Südwesten entsprechende Erd-Chi-Energie. Diesem Ziel dienen Rosatöne, runde Formen und Möbel oder andere Gegenstände aus Metall im Südwesten der Wohnung.

Günstig ist auch, wenn Ihre Wohnung generell beruhigender, entspannender und Yin-betonter wird. Verwenden Sie pastellige Stoffe aus Naturfasern für Vorhänge und Bettwäsche und stellen Sie viele Pflanzen mit hängenden Blättern auf.

Der tyrannische Partner sollte nicht mit dem Kopf nach Westen, Südosten oder Norden schlafen. Die Chancen für eine Besserung sind auch größer, wenn Ihre Neun-Ki-Zahl eine dieser Richtungen besetzt.

Das despotische Vater-Chi des Nordwestens wird durch ein Wasserobjekt im Nordwesten in ruhigere Gewässer gelenkt. Wenn die Frau der Tyrann ist, können Sie die Mutter-Energie des Südwestens schwächen, indem Sie das Element Metall stärken. Stellen Sie dazu eine Metallvase mit rosafarbenen Blumen in den Südwesten der Wohnung.

Familie 99

Wenn Sie Ihre persönliche Chi-Energie ins Gleichgewicht bringen müssen, zeigen Fotos, wie Sie mehr Yin- oder Yang-Energie aufnehmen können.

Es kann ein paar Wochen dauern, bis Sie Verbesserungen feststellen; also haben Sie Geduld und denken Sie daran, dass Feng Shui kein Wundermittel, sondern nur ein Werkzeug ist; auf keinen Fall sollte es ärztliche oder andere professionellen Beratungen ersetzen.

Der größte Vorteil des Feng Shui ist vermutlich der, dass es Ihnen Ihre Umgebung bewusster macht und Ihnen das Gefühl vermittelt, selbst etwas für die Lösung Ihrer Probleme tun zu können. Oft geht es uns nicht gut, weil wir meinen, eine Situation ließe sich nicht ändern. Aber wir können alle möglichen Schwierigkeiten bewältigen, wenn wir das Gefühl haben, sie beeinflussen zu können.

Feng Shui ermöglicht uns, unser Leben zu steuern, was meine eigenen Erfahrungen mir in den letzten zehn Jahren immer wieder bestätigt haben. Natürlich habe ich noch Probleme, aber dank Feng Shui werde ich sehr viel leichter mit ihnen fertig, denn ich habe das Gefühl, dass ich die Weichen zu ihrer Lösung stellen kann.

Trotzdem glaube ich nicht, dass Feng Shui in jedem Fall der einzige oder beste Weg zu diesem Ziel ist. In den verschiedenen Phasen meines Lebens haben auch andere Dinge eine wichtige Rolle gespielt, zum Beispiel eine makrobiotische Ernährung, Sport und positives Denken. Feng Shui ist, genauso wie die Hilfe durch andere Menschen, in schwierigen Zeiten nur ein Teil in einem Puzzle.

Einen Grundriss erstellen

Zur Anwendung der hier vorgestellten Feng-Shui-Lösungen müssen Sie wissen, zu welcher Richtung die einzelnen Bereiche Ihrer Wohnung gehören und welcher Chi-Energie dies entspricht (siehe S. 40–41). Dazu brauchen Sie als Erstes einen genauen Grundriss. Wenn Sie in einer Etagenwohnung leben, konzentrieren Sie sich auf die Bereiche des Gebäudes, die Sie allein nutzen.

Damit der Grundriss exakt und maßstabgerecht wird, zeichnen Sie ihn am besten auf Millimeterpapier. Wenn Ihre Wohnung mehr als eine Etage hat, brauchen Sie für jedes Stockwerk einen eigenen Grundriss. Messen Sie mit einem Bandmaß Länge und Breite der einzelnen Räume aus und übertragen Sie die Ergebnisse in einen einfachen Maßstab, beispielsweise 1 m = 1 cm. Zeichnen Sie mit Lineal und Bleistift alle Räume in ihrer exakten Lage auf dem Papier ein.

Tragen Sie dann bauliche Details ein: Türen, Fenster, Kamine, Treppen, Balken, im Außenbereich vorhandene Wasserobjekte (Teich, Springbrunnen, Swimmingpool). Das alles brauchen Sie nicht genau auszumessen, aber es sollte doch möglichst maßstabgerecht wiedergegeben werden. Vermerken Sie auch, in welche Richtung sich die Türen öffnen.

Fest installierte und bewegliche Einrichtungsgegenstände sind im Feng Shui wichtig und müssen deshalb ebenfalls eingezeichnet werden: Küchenherd, Spüle, Badewanne, Dusche, WC, Aquarium, Schränke, Betten, Stühle, Tische usw.

Die Mitte finden

Jetzt müssen Sie die Mitte Ihrer Wohnung finden. Bei rechteckigen, quadratischen, runden oder achteckigen Grundrissen ist das relativ einfach: Verbinden Sie gegenüberliegende Ecken bzw. gegenüberliegende Punkte bei einem Kreis durch Linien; wo sie sich schneiden, ist die Mitte. Die genannten Formen gelten im Feng Shui als günstig.

Komplizierter ist es bei unregelmäßigen Formen. L-Formen etwa müssen Sie in zwei Rechtecke zerlegen, den Mittelpunkt jedes Rechtecks im Schnittpunkt seiner Diagonalen ermitteln und die beiden Mittelpunkte durch eine Linie verbinden. Zeichnen Sie dann dieselbe L-Form auf ein Stück Transparentpapier und zerlegen Sie sie diesmal in zwei andere Rechtecke. Bestimmen Sie wieder die Mittelpunkte und verbinden Sie sie durch eine Linie. Legen Sie das Transparentpapier über die erste Zeichnung. Der Schnittpunkt der beiden Mittelpunktlinien ist die Mitte Ihrer Wohnung.

Leichter finden Sie die Mitte von komplizierten Formen, wenn Sie den Grundriss auf ein Stück festen Karton übertragen und dann entlang den Umrisslinien ausschneiden. Halten Sie

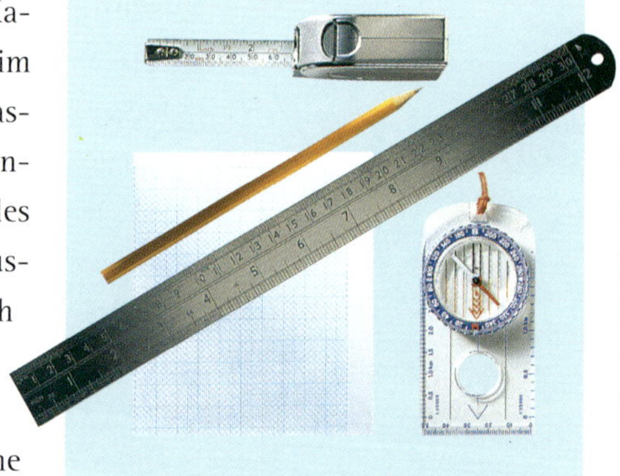

Für den Grundriss brauchen Sie einen Kompass mit einem drehbaren Außenring (gibt's in Camping- oder Sportgeschäften), ein Bandmaß, ein Lineal, Bleistift und (Millimeter-)Papier.

Zeichnen Sie jede Etage einzeln. Messen Sie Länge und Breite der Räume und übertragen Sie die Ergebnisse maßstabgerecht auf Papier. Um die Mitte zu finden, verbinden Sie gegenüberliegende Ecken durch Linien; ihr Schnittpunkt ist die Mitte.

Den magnetischen Norden finden Sie, wenn Sie den Grundriss so hinlegen, dass seine Ausrichtung der Realität entspricht. Markieren Sie mithilfe eines Kompasses den magnetischen Norden und verbinden Sie diesen Punkt mit der Grundrissmitte.

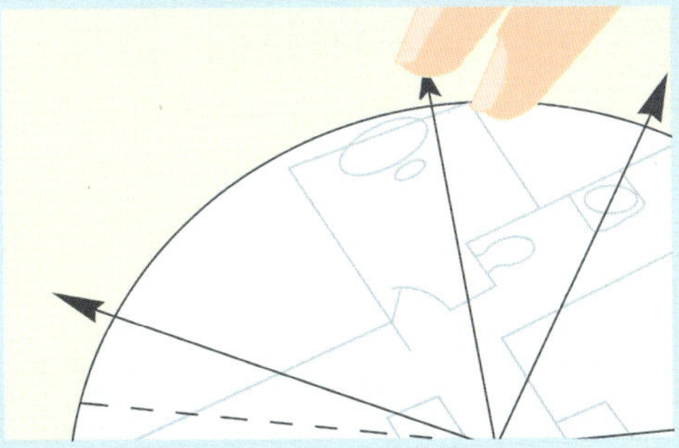

Übertragen Sie die den Raster der Acht Richtungen von S. 10 auf Transparentpapier, schneiden Sie ihn aus und legen Sie ihn auf den Grundriss mit den beiden Mittelpunkten und den beiden Nordlinien übereinander. Jetzt können Sie ablesen, welche Räume zu welcher Richtung gehören.

den Karton waagerecht und finden Sie den Punkt, an dem er auf der Spitze einer langen Nadel (Stricknadel) im Gleichgewicht ist. Das ist der Mittelpunkt, an dem Sie den Karton zwecks Markierung durchstechen können.

Wenn es Ihnen nicht gelingt, eine L-förmige Wohnung auszubalancieren, liegt die Mitte möglicherweise außerhalb der ausgeschnittenen Form. Kleben Sie in diesem Fall ein Stück dünnes Papier zwischen die Flügel der L-Form. Jetzt haben Sie etwas, das Sie auf der Nadel balancieren können. Oder befestigen Sie einen Faden an einer Ecke des ausgeschnittenen Kartons, lassen Sie ihn an dem Faden (vor einer Wand) baumeln und zeichnen Sie mit einem langen Lineal die Verlängerung des Fadens auf dem Karton nach. Wiederholen Sie dies mit einer anderen Ecke; der Punkt, an dem die beiden Linien sich kreuzen, ist die Mitte.

Den Raster der Acht Richtungen eintragen

Haben Sie die Mitte gefunden, müssen Sie als Nächstes mit einem Kompass den magnetischen Norden ermitteln. Legen Sie dazu den Grundriss so auf eine flache, horizontale, nichtmagnetische Oberfläche, dass seine Ausrichtung der Realität entspricht; die Eingangstür oder eine Wand können Ihnen als Bezugspunkt dienen. Legen Sie die Kompassmitte auf die Grundrissmitte, markieren Sie den Norden auf dem Grundriss und ziehen Sie eine Linie zur Mitte.

Zeichnen oder kopieren Sie den Raster der Acht Richtungen (siehe nächste Seite) auf Transparentpapier und schneiden Sie ihn aus. Legen Sie ihn so auf den Grundriss, dass die beiden Mittelpunkte und die Nordlinien sich decken. Markieren Sie die Endpunkte der Segmentlinien auf dem Grundriss und zeichnen Sie dann die Segmente der Acht Richtungen auf dem Grundriss ein, indem Sie die Endpunkte mit dem Mittelpunkt verbinden. Jetzt wissen Sie, welche Bereiche Ihrer Wohnung zu welcher Richtung und zu welcher Chi-Energie (S. 40 – 41) gehören. Da verborgene Eisenträger, Rohre, Wassertanks und Elektroinstallationen den Kompass beeinflussen, lese ich ihn immer an verschiedenen Stellen des Gebäudes ab, auch draußen, bis ich ein klares Ergebnis habe.

Viele Feng-Shui-Schulen unterteilen den Raster der Acht Richtungen in gleiche Segmente zu 45°; die von mir verwendete japanische Kompassmethode zerlegt ihn in vier Segmente à 30° und vier Segmente à 60°. Achtung: Wie traditionell bei asiatischen Karten liegt der Norden unten!

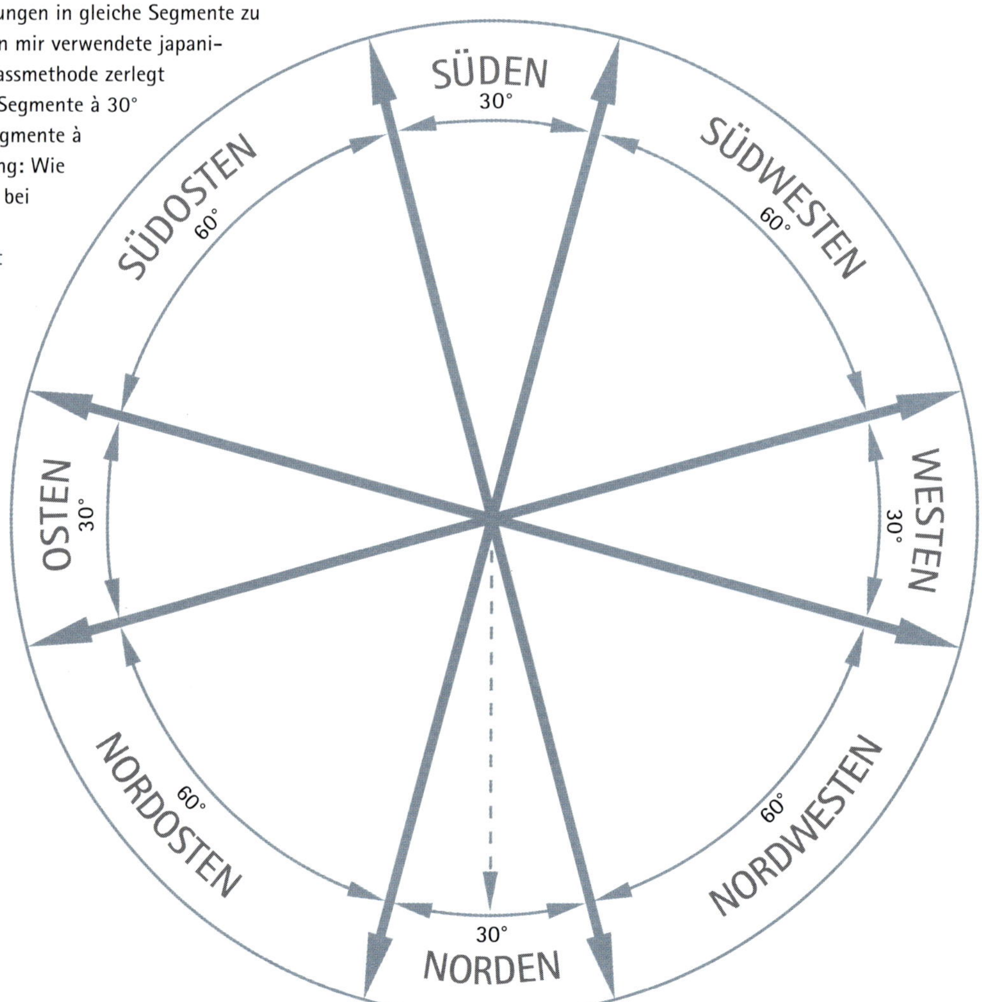

Gesundheit

1

Ernährung

Problem

Ich weiß, dass ich mich ziemlich ungesund ernähre, aber diese Gewohnheit lässt sich nur schwer ablegen. Wie komme ich zu einer ausgewogeneren Ernährung?

Lösung

Wie bei jeder Veränderung einer Lebensgewohnheit muss ein triftiger Grund Sie motivieren. Eine gesunde Ernährung verbessert unter anderem Ihre Fitness, Ihr Aussehen und Ihr Wohlbefinden. Aber egal welchen Grund Sie haben: Bringen Sie überall in Ihrer Wohnung, vor allem in der Küche, Fotos an, die Sie bei bester Gesundheit zeigen; das erinnert Sie optisch an Ihr Ziel und hilft Ihnen, konsequent zu bleiben, wenn Sie am liebsten aufgeben würden.

Günstig ist auch, wenn Sie bei sich zu Hause eine Atmosphäre herstellen, in der Junk Food deplatziert wirkt. Dazu müssen Sie die künstliche Chi-Energie in Ihrer Wohnung reduzieren und das gesunde, natürliche Chi vermehren, etwa durch Gegenstände aus natürlichen Materialien, zum Beispiel Holzmöbel. Pflanzen, Blumen, frische Luft und Sonnenlicht erneuern ebenfalls die Chi-Energie; also ziehen Sie die Vorhänge zurück und machen Sie, wann immer möglich, die Fenster auf. Auch ein Zimmerbrunnen im Osten oder Südosten Ihrer Wohnung sorgt für eine gesunde, natürliche Chi-Energie.

Um die auch von industriell verarbeiteter Kost ausgehende künstliche Chi-Energie zu reduzieren, empfiehlt sich eine möglichst reduzierte Ausstattung Ihres Haushalts mit Elektrogeräten, insbesondere der Verzicht auf Mikrowellengeräte. Auch Synthetikteppiche, Plastikartikel und Spanplattenmöbel erzeugen eine künstliche Atmosphäre, die Sie von der Natur und natürlichen Lebensmitteln entfernt.

Gesunder Menschenverstand

Versuchen Sie nicht, Ihre Ernährungsgewohnheiten über Nacht zu verändern, sondern nehmen Sie die gesunden Lebensmittel nach und nach in Ihren Speiseplan auf. Essen Sie beispielsweise zu jeder Mahlzeit auch Gemüse und gesunde Getreidesorten, etwa Vollreis, Hirse, Nudeln oder Vollkornbrot.

Ein gesunder Chi-Fluss entsteht, wenn Sie die Fenster öffnen, Pflanzen aufstellen und im Osten oder Südosten Ihrer Wohnung ein Wasserobjekt installieren.

Problem

Ich bin regelrecht süchtig nach Schokolade, die ich oft auch zwischen den Mahlzeiten esse. Ich bin fest entschlossen, davon wegzukommen, und würde mich über einen Rat freuen.

Lösung

Damit Sie weniger versucht sind, zwischendurch zu naschen, sollten Sie die Hauptmahlzeiten jeden Tag zur gleichen Zeit einnehmen. Ihr Verdauungssystem gewöhnt sich an den Rhythmus und weiß, wann es eine Mahlzeit zu erwarten hat; wenn diese ausgewogen, nahrhaft und schmackhaft ist, haben Sie weniger das Bedürfnis nach einem Snack zwischendurch.

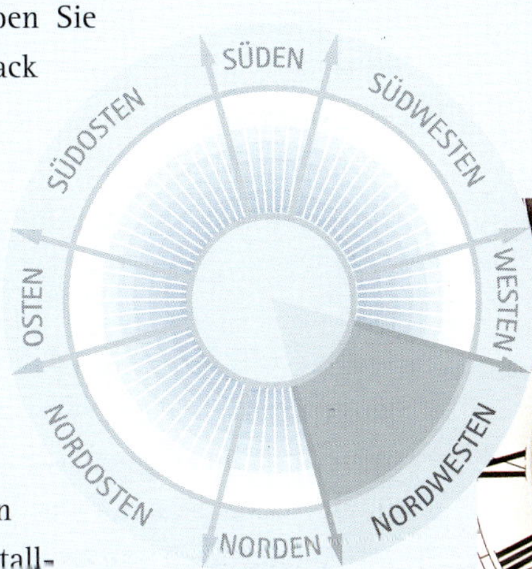

Eine Stärkung der nordwestlichen Chi-Energie gibt Ihrem Leben mehr Struktur, sodass Verhaltensweisen sich leichter einschleifen. Sie nehmen diese Chi-Energie im Schlaf auf, wenn das Kopfende Ihres Bettes Richtung Nordwesten zeigt. In der Wohnung aktivieren Sie sie, wenn Sie im Nordwesten eine Pendeluhr mit möglichst vielen Metallteilen aufstellen. Die Pendelbewegung gibt dem Chi-Fluss einen Rhythmus, und das Metall reguliert ihn. Alternativ eignen sich andere schwere Gegenstände aus Metall, etwa ein Briefbeschwerer. Sie gewöhnen sich auch besser an Ordnung und Regelmäßigkeit, wenn Ihre Wohnung sauber und aufgeräumt ist.

Wenn Sie trotzdem meinen, zwischendurch etwas essen zu müssen, können Sie die Schokolade vermeiden, indem Sie auf gesunde Kost ausweichen, zum Beispiel frisches Obst. Auch Rosinen und geröstete Nüsse sind ein guter Ersatz, weil sie ähnlich süß und gehaltvoll wie Schokolade sind. Brot mit Hummus oder Reiswaffeln mit zuckerfreier Marmelade sind ebenfalls gute Alternativen.

Wenn Sie sich bisher mit Schokolade belohnt haben, sollten Sie von nun an eine ähnliche emotionale Verbindung zu den gesunden Leckereien herstellen; das erleichtert die Umstellung und geht dann am besten, wenn Sie die alternativen Snacks in einer angenehmen, positiven Umgebung zu sich nehmen, etwa in Ihrem Lieblingszimmer oder bei Ihrer Lieblingsmusik.

Eine Pendeluhr oder ein anderer schwerer Metallgegenstand im Nordwesten Ihrer Wohnung hilft Ihnen, sich das Naschen zwischen den Mahlzeiten abzugewöhnen.

Problem

Ich will unbedingt abnehmen, aber bis jetzt habe ich jede Diät schnell wieder abgebrochen. Manchmal wiege ich hinterher noch mehr als vorher. Wie kann Feng Shui mir helfen?

Lösung

Gewohnheiten sind schwer zu verändern, vor allem wenn sie die Ernährung betreffen. Mit einer vernünftigen, realistischen Diät, bei der Sie allmählich abnehmen, bleiben Sie eher konsequent und halten Ihr Idealgewicht auch später. Als Feng-Shui-Maßnahmen empfehlen sich mehr nordwestliche und mehr südöstliche Chi-Energie – sie fördern die Selbstdisziplin bzw. die Ausdauer.

In der fernöstlichen Medizin haben Nordosten und Südwesten mit Magen und Bauchspeicheldrüse zu tun, Westen und Nordwesten mit dem Dickdarm. Wenn die entsprechenden Bereiche Ihrer Wohnung sauber und aufgeräumt sind, kann die positive Chi-Energie frei fließen. Gesunde Pflanzen in den genannten Richtungen umgeben Sie zusätzlich mit guter Chi-Energie.

Sie gehen die Veränderung Ihrer Lebensweise mit mehr Begeisterung an, wenn Ihr Kopf beim Schlafen Richtung Südosten oder Osten liegt. Andererseits stärkt der Nordwesten als Schlafrichtung die Energie, die mit Disziplin zu tun hat, und trägt ebenfalls dazu bei, dass Sie bei der Diät bleiben.

Es macht mehr Spaß, gesund zu kochen und zu essen, wenn das Umfeld attraktiv ist und Sie sich gern in ihm aufhalten. Also sorgen Sie für eine saubere, aufgeräumte Küche und lassen Sie beim Kochen Ihre Lieblingsmusik laufen. Frische Blumen auf dem Tisch und hübsches Geschirr machen das Essen entspannender, was Ihre Ziele unterstützt.

In einer sauberen, aufgeräumten Küche, in der eine angenehme, entspannende Atmosphäre herrscht, macht die Zubereitung gesunder Mahlzeiten mehr Spaß. Lassen Sie beim Kochen Ihre Lieblingsmusik laufen und stellen Sie Blumen auf den Tisch.

Gesunder Menschenverstand

Das Wichtigste beim Abnehmen ist eine Reduzierung der gesättigten Fette. Ersetzen Sie Fleisch, Milchprodukte und Fertiggerichte durch Getreide, Meeresfrüchte, Gemüse und Obst. Essen Sie weniger Zucker, Süßstoffe und Gebratenes – das reduziert die Kalorienaufnahme und das Gewicht.

Problem

Meine halbwüchsige Tochter hat kaum Appetit. Sie ist ziemlich wählerisch und isst immer nur wenig.
Wie kann ich verhindern, dass das krankhaft wird?

Lösung

Sorgen Sie dafür, dass alle Aspekte im Leben Ihrer Tochter möglichst positiv und ausgeglichen sind. Bei zu viel Yang ist sie angespannt und rein körperlich nicht in der Lage, viel zu essen; bei zu viel Yin bremst unter Umständen ein schwaches Selbstwertgefühl ihren Appetit.

Um die Yang-Chi-Energie Ihrer Tochter aufzubauen und ihr zu helfen, weniger sensibel und introvertiert zu sein, sollte sie Sport treiben und generell körperlich aktiver werden. Auch der Verzicht auf Zucker ist ratsam, denn Zucker führt zu starken Schwankungen des Blutzuckerspiegels und heizt die Lust auf andere ernährungsphysiologisch wertlose Nahrungsmittel an. Gerichte, die überwiegend aus komplexen Kohlenhydraten – Nudeln, Vollreis, Couscous, Polenta, Hafer – sowie Gemüse und Hülsenfrüchten bestehen, stabilisieren den Blutzuckerspiegel. Eine abwechslungsreiche Kost fördert die Entspannung weiter, was wiederum den Appetit verbessert.

Wenn der Appetitmangel Ihrer Tochter auf ein schwaches Selbstwertgefühl zurückgeht, profitiert sie von mehr östlicher Chi-Energie. Dazu sollte ihr Kopf beim Schlafen Richtung Osten liegen. Auch jede Menge Pflanzen, leuchtend grüne Gegenstände in ihrem Schlafzimmer und ein Wasserobjekt im Osten der Wohnung bauen diese Chi-Energie auf.

Wenn das Essen Anlass zu Streit ist und Sie die Beziehung zu Ihrer Tochter verbessern müssen, empfiehlt sich eine Aktivierung des südwestlichen Chi, das mit der Mutterrolle und familiären Beziehungen zu tun hat. Stellen Sie dazu gelbe Blumen oder Holzkohlenstückchen in einem Tongefäß in den Südwesten Ihrer Wohnung oder Meersalz in Porzellanschälchen in den Nordosten und Südwesten.

In der östlichen Medizin haben das Essen und die Verdauung mit der Haut zu tun. Deshalb könnte Ihre Tochter mehr Appetit bekommen, wenn sie sich täglich mit einem warmen, feuchten Baumwollhandtuch abrubbelt. Das verbessert die Durchblutung, lässt die Haut atmen und fördert ganz allgemein ein gesünderes Aussehen.

Wenn Sie die Beziehung zu Ihrer Tochter verbessern, wird sie Ihren Anregungen wahrscheinlich eher folgen. Stellen Sie dazu etwas Holzkohle in einem Tongefäß in den Südwesten Ihrer Wohnung.

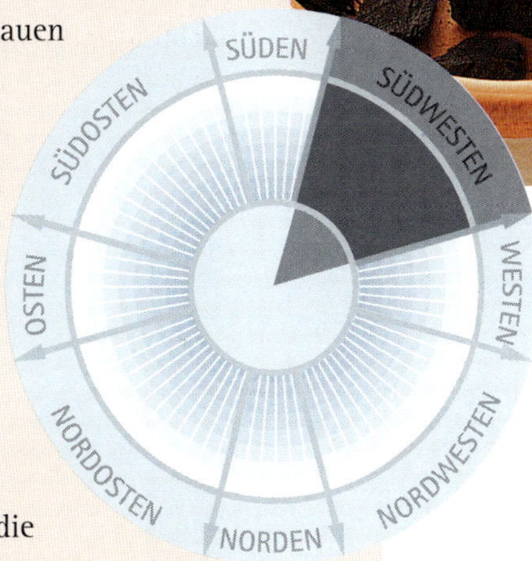

Chi-Energie

Grundlage des Feng Shui ist eine feinstoffliche elektromagnetische Kraft, die so genannte Chi-Energie. Sie ist im ganzen Universum vorhanden und umgibt auch den menschlichen Körper. Wind, Wasser, Licht, Klänge und die Sonnenenergie befördern sie weiter. Darauf spielen die chinesischen Zeichen für Feng Shui an, die »Wind« und »Wasser« bedeuten. Die Chi-Energie in unserer Umgebung beeinflusst unsere Gedanken, unsere Gefühle und unsere Gesundheit. Wenn wir dieses Umgebungs-Chi auf bestimmte Weise verändern, erreichen wir unsere Ziele einfacher und schneller. Das ist das Hauptanliegen des Feng Shui.

Persönliches Chi

Die Chi-Energie um Ihren Körper herum befördert Ihre Gedanken und Gefühle so ähnlich wie das Blut Sauerstoff und Nährstoffe durch den Körper transportiert. Wenn Sie glücklich sind, ist die Chi-Energie um Ihren Körper herum kraftvoll und gesund. Wenn Sie traurig sind, ist der Chi-Fluss langsam, schwach und ungesund. Mit jeder Veränderung Ihrer Gefühle und Gedanken ändert sich auch die Chi-Energie, die Ihren Körperzellen zufließt. Die persönliche Chi-Energie lässt sich modifizieren, indem Sie Sport treiben, sich anders ernähren oder Ihre Wohn- und Arbeitsumgebung verändern. Die Chi-Energie wirkt also in zwei Richtungen: Ihr Denken beeinflusst Ihre Chi-Energie, und die Chi-Energie um Sie herum regt Sie zu bestimmten Gedanken und Gefühlen an.

Sie können Ihre persönliche Chi-Energie so manipulieren, dass erwünschte Veränderungen eintreten. Wut etwa zeigt, dass Ihre Chi-Energie zu konzentriert und intensiv ist. Wenn Sie ruhig und tief atmen und dabei Arme und Beine ausstrecken, wird die Chi-Energie langsamer und verteilt sich im ganzen Körper. Durch eine solche Beeinflussung der persönlichen Chi-Energie lassen sich viele Probleme lösen.

Die persönliche Chi-Energie reicht im Allgemeinen 10 bis 100 cm über den Körper hinaus und kann demnach leicht durch andere Chi-Energien beeinflusst werden: Ihre Ernährung, Ihre Kleidung, das Wetter und die Menschen, mit denen Sie zu tun haben. Im Feng Shui ist der wichtigste Einfluss der von Ihrer Umgebung – zu Hause, am Arbeitsplatz und unter freiem Himmel.

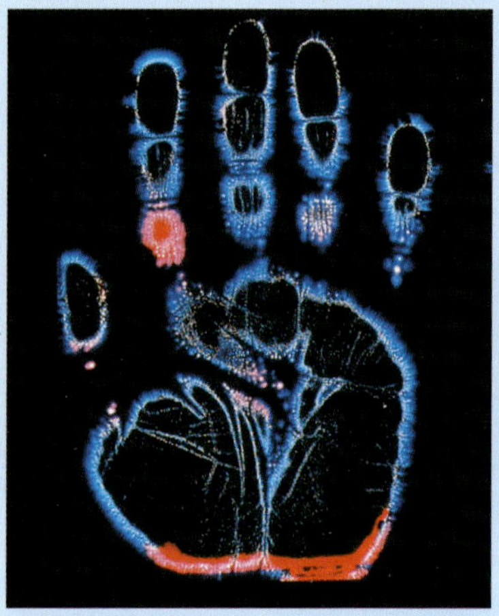

Das persönliche Chi reicht bis zu 1 m über den Körper hinaus; die Chi-Energie anderer Menschen und der unmittelbaren Umgebung beeinflusst es.

Die Chi-Energie von Gebäuden

Alle Gebäude haben ihr eigenes Chi, das sich mit unserem persönlichen Chi vermischt und es beeinflusst. In hohen Räumen bewegt die Chi-Energie sich vertikal, vor allem wenn große Fenster vorhanden sind. Eine solche Atmosphäre macht objektiver, origineller und unabhängiger;

ich zum Beispiel habe meine besten Ideen oft in einer Kathedrale, einem Museum oder einer weiträumigen Halle. Niedrige Räume fördern einen horizontalen Chi-Fluss, was Austausch und Geselligkeit fördert; ich halte mich gern in solchen Räumen auf, wenn ich jemanden besser kennen lernen möchte.

Ein Raum oder ein Gebäude mit einem einzigen großen Eingang, Kuppeldach oder runder Grundfläche konzentriert die Chi-Energie. Ich nutze solche Räume, wenn ich ein schwieriges Projekt abschließen will. Ein Raum mit vielen Fenstern und Türen verteilt die Chi-Energie, vor allem wenn die Fenster bis zum Boden reichen und das Gebäude auf einer Anhöhe liegt. Ich empfinde dies als ideal, wenn ich über wichtige Lebensfragen nachdenken will.

Ungünstiges Chi

Oft gehen Probleme auf blockiertes oder ungünstiges Chi zurück; bei vielen meiner Lösungen geht es darum, diesen negativen Einfluss zu korrigieren.

Chi-Energie, die schnell geradeaus fließt, macht es schwer, zur Ruhe zu kommen, und kann langfristig zu körperlichen Beschwerden und seelischer Unausgeglichenheit beitragen. Das ist noch wahrscheinlicher, wenn an einem langen Flur mehrere Türen nebeneinander liegen oder eine Treppe direkt auf die Eingangstür zuführt.

Chi-Energie, die zu langsam fließt, kann schließlich ganz zum Stillstand kommen. In einer solchen Atmosphäre fühlt man sich schnell depressiv und einsam. Am ehesten stagniert die Chi-Energie in Wohnungen, die nicht viel natürliches Licht bekommen, etwa weil sie im Souterrain oder Richtung Norden liegen.

Stagnierendes Chi

ÜBERLADENE RÄUME (schwere Vorhänge, Teppiche, Kissen, Sofas) verlangsamen den Chi-Fluss. Oft kommt er schließlich ganz zum Erliegen, und man fühlt sich deprimiert, ungeliebt und einsam. Ändern Sie das, indem Sie sich von allem Überladenen trennen und viele gesunde Pflanzen in den Raum holen.

Schneidendes Chi

VORSTEHENDE KANTEN, die in den Raum hineinragen, erzeugen eine schnell fließende, scharfe Chi-Energie. Ihr Einfluss kann jeden, der in diesem Raum sitzt oder schläft, durcheinander bringen. Stellen Sie eine buschige Pflanze vor die Kante, das verlangsamt und entschärft den Chi-Fluss.

Fitness

Problem

Ich weiß, wie wichtig regelmäßiger Sport ist, aber ich schaffe es nie, ein Trainingsprogramm längere Zeit durchzuhalten.
Wie kann Feng Shui mir helfen?

Lösung

Auch Leuten, die Sport treiben, geht nach der ersten Begeisterung der Schwung oft verloren. Wenn Sie die Atmosphäre in Ihrer Wohnung und Ihre Sportbekleidung verändern, bleiben Motivation und Energie Ihnen eher erhalten.

Eine großzügige Atmosphäre ist nicht nur gesünder, sie verleitet auch eher dazu, sich fit zu halten. Eine Wohnung, die mit weichen Sesseln, Kissen, Teppichen und schweren Vorhängen voll gestopft ist, macht träge und erstickt jegliche Motivation. Eine eher sparsam möblierte Wohnung mit vielen Zimmerpflanzen erzeugt dagegen eine lebendige, frische Atmosphäre.

Streichen Sie die Wände weiß und dekorieren Sie sie möglichst spärlich. Wände in Beige, Braun, Rosa, Kastanie und Grau bremsen die Motivation, besonders wenn Bilder an ihnen hängen. Kleine, niedrige Räume machen es schwerer, eine energiegeladene, stimulierende Atmosphäre herzustellen, als große, hohe Räume. In diesen kleinen Räumen erwecken Deckenstrahler den Eindruck von mehr Höhe.

Als Schlafrichtung empfehlen sich der Osten, der Südosten, der Süden oder der Nordosten. Wenn Sie einen leichten Schlaf haben, ist der Südosten am günstigsten – die anderen Richtungen sind dann unter Umständen zu anregend.

Auch das Material und die Farbe Ihrer Sportbekleidung beeinflussen Ihre persönliche Chi-Energie. Damit Ihr Körper richtig atmen und die Chi-Energie frei fließen kann, rate ich zu Kleidung aus reiner Baumwolle oder anderen Naturstoffen. Synthetikfasern können den Fluss der Chi-Energie beeinträchtigen. Aktive, anregende Farben – Weiß, Rot, Gelb, flammendes Purpur, Orange – sorgen für mehr Power.

Problem

Ich bin neuerdings ziemlich lethargisch. Wie kann Feng Shui mir zu mehr Energie verhelfen?

Lösung

Müdigkeit und Trägheit sind ein Zeichen für zu viel Yin. Damit das Gleichgewicht wieder stimmt, brauchen Sie eine Umgebung und eine Ernährung mit mehr Yang.

Ihre Wohnung tendiert mehr zu Yang, wenn Sie zur Einrichtung leuchtende Farben verwenden, insbesondere Rot-, Gelb- und Orangetöne. Lassen Sie nichts herumstehen oder -liegen, damit die Chi-Energie schneller fließen und also mehr Yang erzeugen kann. Auch Spiegel und spitzblättrige Pflanzen lassen das Chi schneller zirkulieren und wirken aktivierend. Rhythmische Musik sorgt für zusätzliche Dynamik.

Zu den Yang-Lebensmitteln, die Ihr Energielevel anheben, gehören komplexe Kohlenhydrate. Sie geben die Energie langsam und stetig ab und sind deshalb – anders als der Instantenergiespender Zucker – gut gegen Lethargie. Komplexe Kohlenhydrate werden leichter resorbiert, wenn Sie sie gut kauen (mindestens 30-mal pro Bissen). Auch Wurzelgemüse, Bohnen, Nüsse, Samen und Fisch sind Yang.

Körperliche Bewegung ist eine tolle Möglichkeit, die Vitalität anzukurbeln – Sie müssen nur erst einmal in die Gänge kommen. Es fördert die Motivation, wenn Sie überall in der Wohnung Fotos aufhängen, die Sie oder andere beim Sport zeigen. Sie bleiben auch eher mit Begeisterung dabei, wenn Sie den Wochenplan Ihrer sportlichen Aktivitäten oder eine Übersicht über Ihre Trainingserfolge gut sichtbar in der Wohnung anbringen.

Sie werden aktiver und wacher, wenn Ihr Kopf beim Schlafen Richtung Osten liegt.

Ihre Dynamik nimmt zu, wenn Sie mehr Yang-Energie aufnehmen: Essen Sie komplexe Kohlenhydrate, etwa Reis, hängen Sie blank geputzte Spiegel auf und hören oder machen Sie rhythmische Musik.

Problem

Mein Partner und ich leben sehr ungesund: Ich rauche zu viel, und er trinkt zu viel. Wie können wir diese schlechten Gewohnheiten ablegen?

Lösung

Zum Beispiel dadurch, dass Sie Ihre Einstellung ändern: Fixieren Sie sich nicht darauf, dass Sie einen angenehmen Genuss aufgeben, sondern ersetzen Sie das Trinken und Rauchen durch eine andere Beschäftigung, die Ihnen Spaß macht, etwa Sport oder ein Hobby. Dann haben Sie beide nicht das Gefühl, auf etwas zu verzichten.

Wenn Sie meinen, Sie würden gegen Ihre ungesunden Gewohnheiten nicht entschieden genug vorgehen, sollten Sie stärker Yang betonen: Tragen Sie Kleidung in leuchtenden Farben, treiben Sie Sport, verbringen Sie mehr Freizeit in der freien Natur und essen Sie öfter warme Mahlzeiten. Dekorative Gegenstände aus Glas, Stein oder Metall sowie Hartholzmöbel umgeben Sie zu Hause mit mehr Yang.

Wenn Stress und Anspannung der Grund für Ihre Rauch- und Trinklust sind, brauchen Sie mehr Yin: Machen Sie sanfte Dehnübungen, meditieren Sie oder lassen Sie sich eine Massage geben. Tragen Sie Blassgrün, Hellblau und Cremetöne, und verwenden Sie diese entspannenden Yin-Farben auch zur Innendekoration. Pflanzen mit großen, hängenden Blättern, Vorhänge und Teppiche strahlen ebenfalls eine beruhigende Yin-Atmosphäre aus. Wenn Ihr Kopf beim Schlafen Richtung Nordwesten liegt, stärkt dies die Selbstdisziplin und die Kraft, Ihren Entschluss umzusetzen. Brauchen Sie mehr Motivation, dann schlafen Sie besser mit dem Kopf nach Nordosten. Um Ihre Bemühungen zu unterstützen und einen Rückfall zu vermeiden, können Sie in der ganzen Wohnung Fotos aufhängen, die Sie an Ihre Ziele erinnern. Gut geeignet sind Ferienbilder von Ihnen und Ihrem Partner, die Sie fit und glücklich oder beim Sport zeigen.

Gesunder Menschenverstand

Wahrscheinlich hat die schlechte Gewohnheit sich in Verbindung mit einer anderen Beschäftigung eingeschlichen: Zur Tasse Kaffee gehört die Zigarette, zum Feierabend das Bier. Wenn Sie von der Arbeit direkt ins Fitnessstudio gehen und auf Kaffee verzichten, vermeiden Sie das Verhaltensmuster, das Sie zum Trinken oder Rauchen verleitet.

Ein Yin-Lebensstil mit einem entspannenden Hobby beugt der Gefahr vor, dass Sie bei Stress zu Zigaretten und Alkohol greifen. Mehr Yang stärkt Ihre Entschlossenheit, diese schlechten Gewohnheiten aufzugeben: Fangen Sie mit einem Freiluftsport an und holen Sie leuchtende Farben und Dekoratives aus Stein ins Haus.

Schwangerschaft und Geburt

Problem

Ich versuche seit einiger Zeit erfolglos, schwanger zu werden. Kann ich mit Feng Shui unsere Chancen verbessern?

Lösung

Auch wenn Sie und Ihr Partner vollkommen gesund sind, kann es bis zur Empfängnis ein paar Monate dauern; machen Sie sich also keine Sorgen, wenn es nicht sofort klappt. Dem Feng Shui zufolge ist die Chi-Energie des Nordens für eine Empfängnis am günstigsten. Sie nehmen sie verstärkt auf, wenn Ihr Kopf beim Schlafen in diese Richtung liegt oder Ihr Bett im Norden des Schlafzimmers oder der Wohnung steht.

Auch eine Innendekoration in Cremetönen baut die nördliche Chi-Energie auf. Cremefarbene Bettwäsche aus reiner Baumwolle umgibt Sie im Schlaf mit ihr, und cremefarbene Wände reflektieren die optimalen Lichtfrequenzen in den Raum zurück, sodass Ihre Chi-Energie ruhiger und rezeptiver wird.

Auch ein Spiegel oder Kristall im Norden der Wohnung aktiviert die nördliche Chi-Energie und vermehrt Ihre Chancen, schwanger zu werden. Tragen Sie möglichst Kleidung aus reiner Baumwolle – sie lädt sich, anders als Kunstfasern wie Nylon und Rayon, nicht statisch auf, was als schlechtes Feng Shui gilt.

Am ehesten schwanger werden Sie in einem Jahr, in dem Ihre Neun-Ki-Zahl im Norden liegt. Auch der Nordosten und der Westen sind günstig.

Gesunder Menschenverstand

Sie werden eher schwanger, wenn Sie und Ihr Partner gesund sind; versuchen Sie deshalb, Stressfaktoren zu beseitigen, und sorgen Sie für genügend Schlaf. Essen Sie viel Getreide und Gemüse, und reduzieren Sie gesättigte Fette, Zucker, Alkohol und Säure bildende Nahrungsmittel wie Kaffee, Wein und Tomaten. Man nimmt an, dass diese die Spermienzahl des Mannes verringern.

NORDEN

Problem

Ich bin schwanger und möchte wissen, was ich tun kann, damit meine Schwangerschaft möglichst problemlos verläuft.

Lösung

Die Gefühle der werdenden Mutter erzeugen eine Chi-Energie, die nicht nur in ihrem Körper zirkuliert, sondern auch in dem des Babys. Die Gesundheit und das seelische Wohlbefinden der Mutter sind für das Ungeborene deshalb ganz wichtig. Wenn Sie zufrieden, entspannt und ruhig sind, entsteht eine günstige Chi-Energie für Sie und Ihr Baby. Eine helle, saubere Wohnung macht es Ihnen leichter, sich wohl zu fühlen und dem ungeborenen Baby aufbauende Gedanken zu schicken.

Sie sind eher positiv gestimmt, wenn Sie überall in der Wohnung Bilder und Fotos aufhängen, die Sie zum Lächeln verleiten. Legen Sie oft Ihre Lieblingsmusik auf und sehen Sie sich Videos an, die Sie zum Lachen bringen. Teppiche, Kissen und andere textile Einrichtungselemente beruhigen den Chi-Fluss, und Blassgrün, Hellblau und Cremetöne entspannen – also verwenden Sie diese Farben reichlich. Auch dekorative Gegenstände mit runden, fließenden Formen holen eine ruhige Energie in die Wohnung und stimmen heiter und gelassen.

Eine gesunde Chi-Energie entsteht durch blattreiche Pflanzen. Sie reinigen nicht nur die Luft, die Beschäftigung mit ihnen entspricht auch genau der Chi-Energie, die Sie für die Versorgung des werdenden Babys brauchen.

Die Mutterrolle hat mit dem Südwesten zu tun – also halten Sie diesen Bereich Ihrer Wohnung besonders sauber und aufgeräumt. Eine gelb blühende Pflanze in einem Tontopf im Südwesten der Wohnung stärkt diese fürsorgliche Chi-Energie. Wenn Sie frustriert und unruhig sind, sollten Sie eine Zeit lang mit dem Kopf Richtung Südwesten schlafen.

Die starken elektromagnetischen Felder, die von Elektrogeräten ausgehen, können dem ungeborenen Kind schaden. Halten Sie deshalb sichere Distanz zu Computern, Fernsehern, Mikrowellen, Kopierern, Haartrocknern, Heizgeräten und -decken.

Am wohlsten fühlen Sie sich während der Schwangerschaft, wenn Ihre Neun-Ki-Zahl im Norden, Südwesten oder Westen liegt.

Eine Feng-Shui-Maßnahme bei diesem Problem besteht darin, eine gelb blühende Pflanze, etwa Ranunkeln, in den Südwesten der Wohnung zu stellen.

Problem

Ich bekomme bald ein Baby und plane eine Hausgeburt. Was kann ich tun, damit die Entbindung glatt läuft und mein Baby sich willkommen fühlt?

Lösung

Ihre Gefühle und Bedürfnisse während der Entbindung lassen sich nur schwer vorhersagen und können sich in den verschiedenen Phasen der Geburt ändern. Halten Sie sich deshalb möglichst viele Optionen offen. Vielleicht wollen Sie einen klar strukturierten, weitgehend leeren Raum, in dem Sie herumgehen können, oder aber eine kuschelige Umgebung mit großen Kissen und vielen Decken. Es kann sein, dass Sie eine Hockstellung einnehmen, sich vorbeugen oder sich an etwas festhalten wollen – dazu eignen sich zum Beispiel ein niedriger Hocker, ein Stuhl mit hoher Rückenlehne oder eine Fensterbank. Am besten bereiten Sie mehrere Räume unterschiedlich vor.

Wenn Sie nachts entbinden, stört Sie möglicherweise das künstliche Licht. Eine weiche, beruhigende Yin-Atmosphäre entsteht, wenn Sie auf helles Licht von oben verzichten und sich für eine indirekte Beleuchtung entscheiden, bei der das Licht von den Wänden oder der Decke reflektiert wird. Lampen mit Schirm erzeugen eine solche Atmosphäre; Kerzen geben das weichste Licht überhaupt ab und sind für die erste Bekanntschaft Ihres Babys mit dieser Welt ideal geeignet. Umgeben Sie sich mit Farben und Bildern, die Sie glücklich stimmen – sie reflektieren unterschiedliche Lichtfrequenzen, die Ihre Gefühle positiv verändern.

Damit Sie während der Entbindung ruhig bleiben, sollten Sie Musik hören. Die Klangwellen wirken entspannend, beseitigen Nervosität und lenken von den Schmerzen ab. Eine Fußmassage mit besonderer Berücksichtigung der kleinen Zehen und des Bereichs über den Innenknöcheln stimuliert die Akupressurpunkte, die Geburtsschmerzen lindern.

Damit die Mutter-Kind-Bindung klappt, sollten Sie Ihr Schlafzimmer so vorbereiten, dass Sie sich in ihm zufrieden und gelassen fühlen. Dazu tragen ein bequemes Bett, eine nicht zu helle Beleuchtung und Stoffe aus Naturfasern in gedämpften Tönen bei. Entfernen Sie Elektrogeräte – der davon erzeugte Elektrosmog kann Ihrem Baby schaden.

Yin und Yang

Es gibt zwei Arten von Chi-Energie: die eher passive Yin-Energie und die eher aktive Yang-Energie. Alles in der Welt lässt sich einem dieser beiden relativen Begriffe zuordnen: Menschen, Gefühle, Gedanken, Berufe, Hobbys, Lebensmittel und Wohnungen. Alles ist entweder mehr Yin oder mehr Yang, je nachdem, mit was es verglichen wird. Ausruhen etwa ist mehr Yin als Arbeiten, aber es ist mehr Yang als Schlafen.

Ziel der Yin-Yang-Theorie ist ein erfolgreicheres Leben. Wenn Sie mehr Yin brauchen, um etwas zu erreichen, zum Beispiel mehr Romantik in Ihrem Leben haben wollen, sollte Ihre Umgebung mehr Yin-Einflüsse aufweisen. Wenn Sie meinen, Ihr Erfolg würde davon abhängen, dass Sie mehr Yang werden, zum Beispiel selbstbewusster, müssen Sie die Yang-Einflüsse verstärken.

Die Vorstellung von Yin und Yang macht klarer, wie Sie mit Ihrer Umgebung interagieren. Wenn Yin und Yang nicht im Gleichgewicht sind, können Probleme entstehen; wenn Sie also wissen, ob Sie zu sehr zu Yin oder zu Yang tendieren, können Sie Ihre Umgebung so verändern, dass die Dinge wieder ins Lot kommen.

Anhand der Übersicht rechts können Sie herausfinden, ob Sie zu sehr Yin oder zu sehr Yang sind. Weil Yin und Yang relativ sind, fällt die Entscheidung Ihnen leichter, wenn Sie sich mit anderen Menschen vergleichen.

mehr Yin

WENN FOLGENDES AUF SIE ZUTRIFFT, HABEN SIE WAHRSCHEINLICH ZU VIEL YIN:

Depressivität, Unsicherheit, Einsamkeit, Besorgnis, Pessimismus, Hilflosigkeit, Lethargie, Kälteempfindlichkeit, Infektionskrankheiten, Durchfall

WENN SIE FOLGENDES MEHR SEIN WOLLEN, BRAUCHEN SIE MEHR YIN:

entspannt, ruhig, phantasievoll, kreativ, künstlerisch, sensibel, fürsorglich, aufnahmebereit, flexibel

mehr Yang

WENN FOLGENDES AUF SIE ZUTRIFFT, HABEN SIE WAHRSCHEINLICH ZU VIEL YANG:

Aggressivität, Gewalttätigkeit, Anspannung, Frustration, Wut, Ungeduld, Grausamkeit, Hartherzigkeit, Steifheit, Verstopfung, Bluthochdruck, trockener Mund, trockene Haut, oft kleine Unfälle

WENN SIE FOLGENDES MEHR SEIN WOLLEN, BRAUCHEN SIE MEHR YANG:

geistesgegenwärtig, schnell, zielgerichtet, präzise, selbstsicher, entschlossen, körperlich stark

PFLANZEN mit breiten oder gerundeten Blättern, Dekoratives mit geschwungenen Formen, unregelmäßige Muster und Linien, Gipsputz und Pastellfarben (Bleu, Rosé) sind mehr Yin.

TISCHDECKEN und Stoffservietten, Polster, Kissen, Sofas, dicke Teppiche und bodenlange Vorhänge erzeugen eine Atmosphäre mit mehr Yin.

TISCHLAMPEN mit Stoffschirm in Cremefarbe, Beige oder Gelb und eine indirekte Beleuchtung erzeugen eine Atmosphäre mit mehr Yin. Das Gleiche bewirken Kerzen, geschlossene Türen und ruhige, entspannende Musik.

BÖDEN aus Holz, Fliesen oder Stein, großzügige Räume ohne Nippes, eine helle, direkte Halogenbeleuchtung und streng wirkende Möbel machen eine Wohnung mehr Yang.

GLÄNZENDE METALLGEGENSTÄNDE, polierte Oberflächen, Spiegel, Holzrollos statt Vorhänge, weiße Wände und Decken und ein offener Kamin erzeugen eine Atmosphäre mit mehr Yang.

BLUMEN und andere leuchtend gelbe, rote, orange oder purpurne Ziergegenstände, stachlige Pflanzen und rhythmische Musik machen Ihre Wohnung mehr Yang.

Häufige Beschwerden

Problem

Seit ich vor ein paar Jahren in meine jetzige Wohnung gezogen bin, habe ich immer stärkere Kopfschmerzen. Kann Feng Shui mir helfen?

Lösung

Sowohl zu viel Yin als auch zu viel Yang können zu Kopfschmerzen führen. Wenn Sie Kopfschmerzen haben, weil Sie gestresst und gereizt sind, sind Sie wahrscheinlich zu Yang. Yang-Kopfschmerzen sitzen im Allgemeinen im Hinterkopf- und Nackenbereich und gehen oft mit steifen, schmerzenden Schultern einher. Yin-Kopfschmerzen konzentrieren sich meist im Stirnbereich und gleichen einem Kater.

Wenn Sie zu Yang-Kopfschmerzen neigen, brauchen Sie mehr Yin. Das erreichen Sie in der Wohnung durch entspannende Farben, etwa Blassgrün, Hellblau und Cremefarbe. Gerundete Formen, unregelmäßige Muster, weiche Oberflächen, fließende Stoffe und eine indirekte oder gedämpfte Beleuchtung beruhigen und verlangsamen den Chi-Fluss. Stellen Sie buschige Pflanzen vor scharfe, vorstehende Kanten und hohe Pflanzen unter alle tragenden Balken im Haus. Schlafen Sie eine Zeit lang mit dem Kopf Richtung Norden, um die stille, Yin-betonte Wasser-Chi-Energie aufzunehmen.

Auch eine Kost mit viel frischem Obst und Gemüse gibt Ihnen mehr Yin. Yoga, Tai Chi und Meditation entspannen und beugen stressbedingten Kopfschmerzen vor, ebenso eine Shiatsu-, Aromatherapie- oder Reiki-Sitzung.

Gegen Yin-Kopfschmerzen hilft eine dynamischere, Yang-betonte Atmosphäre. Sie entsteht unter anderem durch einen gründlichen Hausputz: Waschen Sie die Vorhänge, reinigen Sie die Teppiche und entsorgen Sie alles, was Sie nicht mehr brauchen. Geben Sie feuchter oder stagnierender Energie keine Chance: Öffnen Sie die Fenster und lassen Sie frische Luft herein. Machen Sie einen flotten Spaziergang, sobald Sie müde werden.

Essen Sie mehr salzige, basische Yang-Lebensmittel, etwa Miso-Suppe, Sauerkraut und Umeboshi-Pflaumen, und weniger Zucker und Alkohol, die säurebildend wirken.

Wenn Ihre Kopfschmerzen im Stirnbereich sitzen, brauchen Sie mehr Yang: Essen Sie Suppen und andere wärmende Gerichte, öffnen Sie die Fenster und lassen Sie frische Luft herein. Bei Hinterkopfschmerzen ist mehr Yin ratsam; eine indirekte Beleuchtung und entspannende Hobbys bauen es auf.

Problem

Seit ich umgezogen bin, ist mein Asthma wesentlich schlimmer geworden. Wie kann Feng Shui mir helfen?

Lösung

Dem Feng Shui zufolge wird Asthma durch träge, stagnierende Chi-Energie begünstigt. Ideal für Asthmatiker ist daher eine Wohnung mit sauberer, frischer, staubfreier Luft ohne Feuchtigkeit und Schimmel.

Staub sammelt sich am ehesten in Teppichen, Vorhängen und Polstermöbeln an; entscheiden Sie sich deshalb möglichst für Holzfußböden und Rollos und sorgen Sie für eine häufige Reinigung aller textilen Elemente. Pflanzen absorbieren Feuchtigkeit und reinigen die Luft; also holen Sie sie reichlich ins Haus, vor allem in Küche und Bad, wo sich leicht Feuchtigkeit und Schimmel festsetzen. Pflanzen im Schlafzimmer geben günstige Chi-Energie ab, während Sie schlafen.

Der Westen und der Nordwesten haben mit der Lunge zu tun und sollten deshalb in Ihrer Wohnung besonders sauber, ordentlich und staubfrei sein. Damit das Chi in diesen Bereichen nicht stagniert, empfiehlt es sich, Müll, verdorbene Lebensmittel und welke Blumen sofort zu entsorgen. Achten Sie beim nächsten Umzug darauf, dass Küche, Bad und Nutzräume nicht im Westen oder Nordwesten liegen und dass jeder Raum ein Fenster hat.

Die Gesundheit Ihrer Haut hat einen subtilen Einfluss auf die Lunge; tragen Sie deshalb immer Kleidung aus reiner Baumwolle oder anderen Naturfasern – Synthetik lädt sich statisch auf, was die Haut reizen kann. Rubbeln Sie die Haut jeden Tag mit einem warmen, feuchten Handtuch ab, das erfrischt und kräftigt sie.

Besser nicht

Verzichten Sie auf Lebensmittel, die das Blut verdicken, etwa Milchprodukte, Eier und Fleisch. Weißmehlprodukte wie Weißbrot und Nudeln können Asthma verschlimmern; ersetzen Sie sie durch Vollkorngetreide, zum Beispiel Vollreis, Gerstenschrot und grobe Haferflocken. Grüne Blattgemüse stärken das Lungen-Chi.

Problem

Ich leide an chronischer Polyarthritis. Seit ich pensioniert bin und eine andere Wohnung habe, sind die Beschwerden schlimmer geworden. Was könnte sie bessern?

Lösung

Im Feng Shui werden Knochen und Gelenke der Chi-Energie des Wassers zugeordnet. Feuchtigkeit, eine Ernährung mit viel Wasser-Chi oder die Unfähigkeit, Wasser-Chi aus dem Körper auszuscheiden, verschlimmern daher Ihre Beschwerden. Mehr Holz-Chi-Energie in Ihrer Wohnung zieht überschüssige Wasser-Chi-Energie an und kann das Problem teilweise lösen. Reduzieren Sie außerdem die Metall-Chi-Energie, die das Wasser-Chi vermehrt.

Mehr Holz-Chi-Energie in der Wohnung erreichen Sie durch die Farbe Grün. Stellen Sie viele blattreiche Pflanzen auf, besonders im Norden Ihrer Wohnung – sie absorbieren Feuchtigkeit. Möbel, Oberflächen und Fußböden aus Holz sorgen für eine trockene Raumluft und beugen der Ansammlung von zu viel Wasser-Chi-Energie vor. Die gleiche Wirkung hat ein Feuer in einem offenen Kamin. Auch Kerzen sind günstig, solange Sie auch die Holz-Chi-Energie stärken.

Außerdem nehmen Sie mehr Holz-Chi-Energie auf, wenn Ihr Kopf beim Schlafen Richtung Osten oder Südosten liegt. Ein Bett mit Holzrahmen, Baumwollmatratze (zum Beispiel ein Futon) und Bettwäsche aus 100 % Baumwolle umgibt Sie auch im Schlaf mit dieser günstigen Energie.

Weil Metall Wasser vermehren kann, sind Gegenstände und Oberflächen aus Metall eher tabu. Gleiches gilt für die Farben Grau und Silber, die der Metall-Chi-Energie zugeordnet werden.

Wein, Kaffee, zuckerhaltige und kalte Getränke, Eiscreme und zu viel Obst erzeugen übermäßig viel Wasser-Chi-Energie in Ihrem Körper. Dem Element Holz zugeordnete Lebensmittel, etwa Blattgemüse, Lauch, Schalotten, Radieschen und Sauerkraut, absorbieren diesen Überschuss.

Problem

Seit dem Umzug in meine jetzige Wohnung bin ich ständig erkältet. Welche Feng-Shui-Maßnahmen empfehlen Sie mir?

Lösung

In der östlichen Medizin gelten gelegentliche Erkältungen als nützliche Möglichkeit, das Immunsystem zu »trainieren«, Gifte auszuscheiden und eine Ruhepause zu erzwingen. Ständige Erkältungen jedoch zeigen, dass Sie gesundheitlich keine Reserven mehr haben.

Eine kalte, feuchte, stark Yin-lastige Umgebung erhöht das Risiko für Erkältungen. Also sorgen Sie für eine trockene, warme Atmosphäre: Zünden Sie Kerzen oder ein Kaminfeuer an oder stellen Sie die Heizung höher. Hängen Sie an trockenen, sonnigen Tagen Ihr Bettzeug nach draußen, damit es die wärmenden Yang-Strahlen der Sonne aufnimmt. Machen Sie jeden Tag die Fenster auf und räumen Sie immer wieder auf, damit Energie und Luft ungehindert zirkulieren können – es gibt der Atmosphäre mehr Yang-Qualitäten.

Pflanzen absorbieren Feuchtigkeit und sorgen außerdem für saubere, frische, gesunde Luft; also stellen Sie möglichst viele auf, besonders in Küche und Bad.

Auch kräftige, leuchtende Farben erzeugen eine wärmende, Yang-betonte Atmosphäre. Ein Anstrich in Gelb oder Apricot wirkt warm, und dekorative Gegenstände in Gelb, Orange oder Rot setzen strahlende Farbakzente.

Sie selbst bekommen mehr Yang-Energie, wenn Sie warme Suppen, Eintöpfe oder Schmorgerichte mit Getreide und Wurzelgemüse essen. Verzichten Sie auf Zucker, treiben Sie Sport und stehen Sie früh auf.

Besser nicht

Vermeiden Sie Dauernässe: Wischen Sie Wasserlachen in Küche und Bad sofort auf, lassen Sie kein Wasser in der Spüle stehen, reparieren Sie tropfende Wasserhähne und tun Sie etwas gegen aufsteigende Nässe in den Wänden. Entsorgen Sie alles, was Schimmel- oder Stockflecken hat, zum Beispiel Duschvorhänge.

Nehmen Sie mehr wärmende Yang-Energie auf, das beugt Erkältungen vor: Tanken Sie Sonne und essen Sie heiße Eintöpfe und Suppen. Pflanzen absorbieren Feuchtigkeit und sind besonders für Küche und Bad zu empfehlen.

Die Fünf Elemente

Die Chi-Energie wird nicht nur in Yin und Yang, sondern zur weiteren Differenzierung auch in die fünf Kategorien Holz, Feuer, Erde, Metall und Wasser eingeteilt. Diese so genannten Fünf Elemente sind bestimmten Jahres- und Tageszeiten zugeordnet (Frühling, Sommer, Spätsommer, Herbst und Winter bzw. Morgen, Mittag, Nachmittag, Abend und Nacht).

Wenn wir uns die Atmosphäre dieser Zeiten vorstellen, bekommen wir ein Gefühl für die Chi-Energie der einzelnen Elemente.

Der Kreislauf der Fünf Elemente

Genauso wie die Jahres- und Tageszeiten zyklisch ineinander übergehen, besteht auch zwischen den fünf Chi-Kategorien ein zyklischer Zusammenhang. Die charakteristische Beziehung dieser Kategorien gehört zu den Grundlagen des Feng Shui und ist ein nützliches Hilfsmittel bei der Durchführung der hier empfohlenen Maßnahmen.

Jedes Element stärkt die Energie des ihm im Zyklus folgenden Elements: Wasser stärkt Holz, Holz stärkt Feuer, Feuer stärkt Erde, Erde stärkt Metall, Metall stärkt Wasser. Bei diesem Prozess verliert jedes Element etwas von seiner Chi-Energie, was aber dadurch ausgeglichen wird, dass es seinerseits von der vorhergehenden Chi-Energie etwas bekommt.

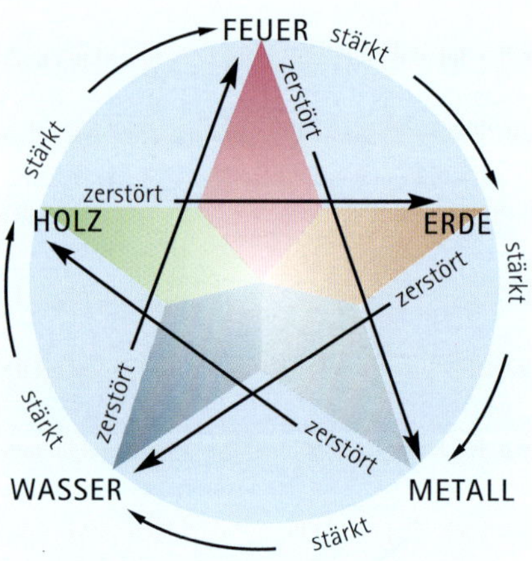

Jedes Element harmoniert mit dem folgenden und mit dem vorhergehenden Element; es reagiert disharmonisch mit den beiden übrigen Elementen des Kreislaufs.

Wenn bei einem Element ein Mangel auftritt, überspringt die vom vorhergehenden Element zufließende Chi-Energie dieses Element und wirkt sich zerstörerisch auf das nächste Element aus. Wenn beispielsweise Holz zu schwach ist, löscht Wasser Feuer. Im Idealfall sollten die Fünf Elemente in einer Wohnung im Gleichgewicht sein; dafür sollte sich in jedem Raum mindestens ein Gegenstand aus jeder der Listen auf der nächsten Seite befinden.

Mit den Fünf Elementen Probleme lösen

Jedes Element entspricht einer Reihe von Gefühlen, die in der folgenden Übersicht (linke Spalte) aufgeführt sind. Durch eine Beeinflussung der einzelnen Elemente können Sie Ihre Gefühle verändern.

Die Übersicht zeigt, mit welchem Element ein negatives Gefühl zu tun hat. Die ihm entsprechende Chi-Energie lässt sich reduzieren, wenn Sie die Chi-Energie des ihm im Kreislauf folgenden Elements stärken. Eine Aktivierung des vorhergehenden Elements verhindert außerdem, dass sich die anderen Elemente zerstörerisch auswirken. Eine Depression zum Beispiel hat mit der Metall-Chi-Energie zu tun. Ihre Stimmung wird besser, wenn Sie die Erd- und die Wasser-Chi-Energie in Ihrer Umgebung stärken; die Übersicht auf der nächsten Seite nennt dazu geeignete Maßnahmen.

Holz

ZUGEORDNETE GEFÜHLE:
Wut,
Ungeduld,
Frustration,
Hast,
Unachtsamkeit

(HOHE) PFLANZEN, Gegenstände und Oberflächen aus Holz, die Farbe Grün; hohe Gegenstände (etwa Kleiderständer), Deckenstrahler und Längsmuster vermehren die Holz-Energie eines Raums.

Feuer

ZUGEORDNETE GEFÜHLE:
Hysterie,
Theatralik,
Reizbarkeit,
Streitsucht

KERZENLICHT, Kaminfeuer, Sonnenlicht, leuchtendes Rot, spitze, sternförmige, dreieckige, pyramidale Formen sowie Zickzackmuster und spitzblättrige Pflanzen vermehren die Feuer-Energie eines Raums.

Erde

ZUGEORDNETE GEFÜHLE:
Abhängigkeit,
Vorsicht,
Langsamkeit,
Unentschlossenheit,
Eifersucht

TON, TERRAKOTTA, STEINGUT, gelbe, braune, beige Farbtöne, niedrige Bodendecker in Tontöpfen, niedrige, breite Möbel, etwa Teetische, sowie Teppiche und Vorhänge vermehren die Erd-Energie eines Raums.

Metall

ZUGEORDNETE GEFÜHLE:
Depressivität,
Introvertiertheit,
Unentschlossenheit,
Pessimismus,
Sensibilität

STAHL, Eisen, Messing und andere Metalle, Oberflächen aus hartem Stein wie Schiefer, Granit, Marmor, die Farben Weiß, Grau und Silber sowie runde Formen vermehren die Metall-Energie.

Wasser

ZUGEORDNETE GEFÜHLE:
Ängstlichkeit,
Besorgnis,
Verantwortungslosigkeit,
Einsamkeit,
Isolation

GLASTISCHE, glänzendes Schwarz oder transparentes Creme, Spiegel, Bilder mit Glasrahmen, Möbel mit runden Formen und Kriechpflanzen vermehren die Wasser-Energie.

Seelisches Wohlbefinden

Problem

Ich versuche, eine positivere Einstellung zum Leben zu bekommen. Ich habe eine Menge Selbsthilfebücher zu dem Thema gelesen und möchte wissen, ob auch Feng Shui mir helfen kann.

Lösung

Die einer positiven Einstellung entsprechende Chi-Energie gleicht der Energie beim Sonnenaufgang und findet sich daher im Osten, Südosten und Süden Ihrer Wohnung. Um die Energie dieser Richtungen verstärkt aufzunehmen, sollte Ihr Kopf beim Schlafen in eine dieser Richtungen zeigen.

Besonders vorteilhaft ist auch, wenn der Wohnungseingang sich im Osten, Südosten oder Süden befindet, denn dann kommt die positive Energie leichter in Ihre Wohnung hinein. Wenn die Eingangstür oder Fenster in einer dieser Richtungen liegen, fließt diese Energie Ihnen bereits vermehrt zu.

Leuchtende Farben, etwa Grün, Rot und Purpur, strahlen positive Energie aus; Kleidung, Bettwäsche, Vorhänge, Bilderrahmen, Einrichtungs- und Ziergegenstände sollten diese Farben haben. Je leuchtender die Farbe ist, desto stärker ist ihr Einfluss. Leuchtendes Grün ist im Osten, Südosten und Süden der Wohnung am effizientesten, rötliches Purpur im Süden, Südwesten und Nordosten.

Ein Wasserobjekt im Osten der Wohnung vermehrt die Chi-Energie, die mutig und selbstsicher macht und für mehr Durchsetzungsbereitschaft sorgt – Eigenschaften, die eine optimistische Einstellung unterstützen.

Wenn Sie etwas mehr Yang-Energie haben, erreichen Sie Ihre Ziele eher; also essen Sie mehr Yang-Lebensmittel wie Getreide und heiße Gemüsegerichte und weniger Kaltes und Süßes. Ihre Wohnung wird mehr Yang, wenn die Zimmer gut gelüftet und aufgeräumt sind. Auch spitzblättrige Pflanzen, leuchtende Farben und harte, helle Oberflächen erzeugen mehr Yang.

Der Wechsel zu einer positiven Lebenseinstellung fällt Ihnen am leichtesten, wenn Ihre Neun-Ki-Zahl im Osten, Südosten oder Süden liegt.

Ein Wohnungseingang Richtung Osten, Südosten oder Süden führt Ihnen viel optimistisch stimmende Chi-Energie zu. Leuchtende Grün-, Rot- und Purpurtöne wirken ähnlich.

Problem

Vor ein paar Jahren bin ich in eine dunkle, feuchte Wohnung gezogen, und seitdem bin ich depressiv, besonders im Winter. Was können Sie mir empfehlen?

Lösung

Sonnenlicht ist für gute Laune ganz wichtig, besonders im Winter, wenn es sowieso rar ist. Uns fehlt dann nicht nur seine stimulierende Wirkung auf den Körper, Kälte und Nässe drücken zusätzlich aufs Gemüt. Das fehlende Sonnenlicht lässt sich am besten durch einen offenen Kamin kompensieren, den Sie, falls vorhanden, regelmäßig nutzen sollten. Zünden Sie andernfalls wenigstens ein paar Kerzen an, besonders im Nordosten Ihrer Wohnung.

Auch leuchtende Rot-, Orange- und Gelbtöne – in Form von Bildern, Kissen, frischen Blumen – machen eine Wohnung wärmer. Die Bilder sollten einen optimistischen Blick in die Zukunft unterstützen. Deckenstrahler tragen zu einer beflügelnden Atmosphäre bei, weil sie die Energie nach oben lenken. Eine hell erleuchtete Decke erinnert außerdem eher an einen sonnigen Himmel, als wenn das Licht auf den Boden gerichtet ist.

Im Schlaf nehmen Sie mehr heitere, fröhlich stimmende, antidepressive Energie auf, wenn der Kopfteil Ihres Bettes Richtung Osten, Südosten oder Süden zeigt.

Gegen die demoralisierende Wirkung von Kälte und Nässe auf Ihre Umgebung und Ihre persönliche Chi-Energie hilft eine möglichst trockene Wohnung. Polster, Kissen, Vorhänge und Teppiche sind besonders anfällig für Nässe. Heizen Sie ausreichend und lüften Sie an trockenen, sonnigen Wintertagen textile Elemente an der frischen Luft. Öffnen Sie an solchen Tagen auch Türen und Fenster und halten Sie einen gründlichen Hausputz.

Sie kommen mit Kälte und Nässe besser zurecht, wenn Sie etwas mehr Yang-Energie aufnehmen: Essen Sie öfter wärmende Gerichte, etwa dicke Suppen, Eintöpfe und Porridge. Der Verzicht auf Zucker, Salate und rohes Obst sowie eine intensive (sportliche) Betätigung an der frischen Luft führen ebenfalls zu mehr Yang.

Problem

Ich bin neuerdings ziemlich gereizt und lege mich schnell mit anderen Leuten an. Ich fühle mich generell ziemlich angespannt, besonders zu Hause. Wie kann Feng Shui das ändern?

Lösung

Schlechte Laune und Wutausbrüche zeigen, dass Sie zu sehr zu Yang tendieren. Zufriedener und gelassener werden Sie durch mehr Yin, etwa in Ihrer Wohnung.

Ziergegenstände in Blassgrün, Hellblau und Cremefarbe verlangsamen den Chi-Fluss und erzeugen eine entspannende Yin-Atmosphäre. Das Gleiche bewirken Polster, Vorhänge und Teppiche in diesen Farben und eine gedämpfte oder indirekte Beleuchtung. Eine weichere Atmosphäre am Abend entsteht, wenn das Licht von einer Wand oder der Decke reflektiert wird oder von einer Tischlampe mit Schirm ausgeht.

Geschwungene Formen, strukturierte Oberflächen und marmorierte, wellenförmige oder unregelmäßige Muster lassen das Chi ebenfalls langsamer fließen. Pflanzen mit runden oder hängenden Blättern wirken beruhigend; stellen Sie sie insbesondere vor vorstehende Kanten oder in einen langen Flur.

Im Schlaf nehmen Sie mehr entspannende Chi-Energie auf, wenn der Kopfteil Ihres Bettes Richtung Südwesten, Westen, Nordwesten oder Norden zeigt. In diese Richtungen sollten Sie auch sehen, wenn Sie im Wohn- oder Esszimmer sitzen.

Ihre persönliche Chi-Energie neigt mehr zu Yin, wenn Sie viel Obst, Salat und Gemüse essen. Auch pastellfarbene, weiche, fließende Kleidung macht Sie friedfertiger.

Sie bleiben leichter ruhig, wenn Ihre Neun-Ki-Zahl im Norden, Südwesten, Westen oder Nordwesten liegt.

Essen Sie viel Obst, das macht mehr Yin und fördert die Zufriedenheit; auch Sessel mit gerundeten Formen und Stofflampenschirme unterstützen dieses Ziel.

Besser nicht

Scharfe, vorstehende Kanten; lange, gerade Flure; zu viele glänzende Gegenstände; Spiegel, die sich einem anderen Spiegel, einer Tür oder einem Fenster gegenüber befinden – all dies beschleunigt den Chi-Fluss und fördert Gereiztheit.

Problem

Ich bin ein eifersüchtiger Mensch und passe ständig auf, dass meine Freunde und Freundinnen anderen Leuten nicht zu viel Aufmerksamkeit schenken. Wie kann Feng Shui mir helfen?

Lösung

Im Feng Shui hat Eifersucht vor allem mit den Erd-Chi-Energien des Südwestens zu tun, in geringerem Maße auch mit denen der Mitte und des Nordostens. Um Ihr Verhalten zu überwinden, müssen Sie den Einfluss dieser Energien reduzieren.

Stellen Sie dazu kleine Porzellanschälchen mit ein oder zwei Teelöffeln Meersalz im Südwesten und Nordosten Ihrer Wohnung auf. Meersalz ist extrem Yang, absorbiert Chi-Energie und stabilisiert den Fluss der Erd-Chi-Energie. Wenn sich in einer der genannten Richtungen eine Tür oder eine Treppe, das WC, die Küche oder das Bad befindet, ist das Eifersuchtspotenzial von vornherein größer. Stellen Sie in diesem Fall Meersalzschälchen auf den Boden neben diese Türen oder Treppen bzw. in die genannten Räume. Auch Umtöpfe, Briefbeschwerer, Uhren oder andere schwere Gegenstände aus Metall sowie Ziergegenstände in Weiß, Grau oder Silber, die Sie im Südwesten, in der Mitte oder im Nordosten der Wohnung platzieren, können helfen, die schädliche Erd-Chi-Energie zu dämpfen.

Gesunde Pflanzen geben positives Chi ab und fördern eine Atmosphäre, in der Sie Ihre Unsicherheit mit Ihren Freunden oder Freundinnen besprechen können. Wenn Sie im Südwesten, in der Mitte und im Nordosten Ihrer Wohnung möglichst viele Pflanzen aufstellen, erhöht dies die Chance, dass Sie Ihre Eifersucht positiv verarbeiten.

Um Ihr Selbstbewusstsein zu stärken und Ihre Unsicherheit abzubauen, sollte Ihr Kopf beim Schlafen Richtung Osten oder Südosten liegen.

Eifersucht lässt sich schwerer überwinden, wenn Ihre Neun-Ki-Zahl im Nord- oder Südosten liegt.

Gesunde Pflanzen und Porzellanschälchen mit Meersalz im Südwesten und Nordosten der Wohnung dämpfen die Chi-Energien, die mit Eifersucht zu tun haben.

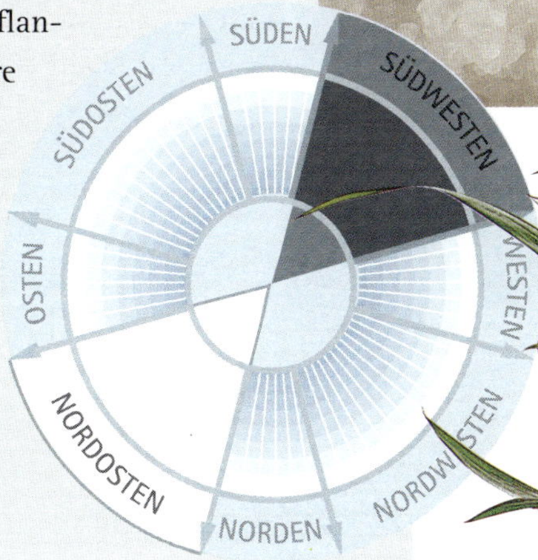

Problem

Ich lebe oft in der Vergangenheit und verbeiße mich dabei in die negativen Erfahrungen. Das beeinträchtigt meinen Alltag, denn eigentlich möchte ich, dass es in meinem Leben vorwärts geht. Wie kann Feng Shui mir helfen?

Mehr östliche Chi-Energie erhöht Ihre Begeisterung für die Zukunft. Sie stärken diese Energie, wenn Sie im Osten Ihrer Wohnung eine Schale mit frischem Wasser platzieren.

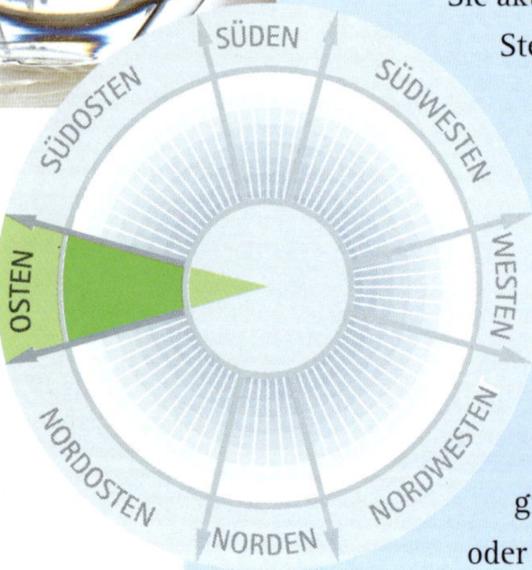

Lösung

In der östlichen Medizin werden vergangene Erfahrungen dem Rücken zugeordnet. Die Leitbahnen der Chi-Energie in diesem Körperbereich entsprechen der Wasser-Chi-Energie des Nordens. Auch die zusammenziehenden Metall-Chi-Energien des Westens und Nordwestens machen es Ihnen schwer, die Vergangenheit loszulassen. Wenn es in Ihrem Leben vorwärts gehen soll, müssen Sie den Einfluss dieser Energien auf ein Minimum reduzieren und die östliche und die nordöstliche Chi-Energie vermehren.

Halten Sie als Erstes einen gründlichen »Frühjahrsputz« im Norden, Westen und Nordwesten Ihrer Wohnung. Wenn diese Bereiche sauber und aufgeräumt sind, kann die Chi-Energie, die Ihnen das Loslassen der Vergangenheit erschwert, sich dort nicht mehr ansammeln. Liegen Bad, WC oder Küche in einer dieser Richtungen, sollten sie gut gelüftet und trocken sein, denn Feuchtigkeit und Schimmel erhöhen das Risiko für stagnierendes Chi.

Die Chi-Energie des Nordostens hilft Ihnen, die Vergangenheit loszulassen, die Richtung zu ändern und motiviert nach vorne zu schauen. Sie aktivieren diese Energie durch weiße Blumen oder Dinge aus Stein, auch weiße Kieselsteine, im Nordosten Ihrer Wohnung.

Die östliche Chi-Energie ermuntert Sie, sich mit mehr Begeisterung auf die Zukunft zu konzentrieren. Möbel und Gegenstände aus Holz – das eher hell als schwer und dunkel sein sollte – und eine Schale mit frischem, sauberem Wasser im Osten der Wohnung vermehren diese Energie. Auch glänzende Weiß-, Grün-, Blau- und Purpurtöne unterstützen die Aufbruchstimmung.

Zur Reduzierung der Metall- und Wasser-Chi-Energie sollten Sie auf Oberflächen und Gegenstände aus Metall oder Glas sowie auf Altweiß, Grau, Silber, Schwarz, Braun und Beige möglichst verzichten.

Sie werden die Vergangenheit am leichtesten vergessen und zu neuen Ufern aufbrechen, wenn Ihre Neun-Ki-Zahl im Osten, Südosten, Süden oder Nordosten liegt. Eine Neun-Ki-Zahl im Norden, Westen oder Nordwesten erschwert Ihr Vorhaben.

Lösung

Zu viel nördliche Chi-Energie und zu viel Yin können überängstlich machen. Also müssen Sie den Einfluss der nördlichen Chi-Energie reduzieren und mehr Yang-Energie aufnehmen. Aktivieren Sie auch die Chi-Energien des Ostens, Südostens, Südens, Nordwestens und Nordostens, die Ihnen auf unterschiedliche Weise Selbstvertrauen geben.

Eine Tür im stillen nördlichen Teil der Wohnung erzeugt mehr Yang-Energie, wenn Sie sie rot streichen, einen glänzenden Metallgriff an ihr anbringen oder ein metallenes Windspiel vor ihr aufhängen. Alternativ können Sie die Tür mit möglichst viel Rot umgeben, etwa indem Sie rote Blumen oder Bänder aufhängen oder eine rote Fußmatte davor legen.

Wenn Bad, WC, Nutzräume oder Küche sich im Norden befinden, sollten die Möbel und Oberflächen dort aus Holz, Weide oder Bambus sein – diese Materialien gleichen die ungünstige Chi-Energie des Nordens aus. Die Holz-Energie hat – vor allem in Form von Pflanzen – auch den Vorteil, die mit dem Norden und Nassraumen zusammenhängende Wasser-Chi-Energie zu absorbieren.

Da Räume im Norden normalerweise kein direktes Sonnenlicht bekommen, stagniert das Chi dort leicht. Stellen Sie Pflanzen auf, das fördert einen gesunden Chi-Fluss. Efeu ist gut geeignet, weil es wenig Licht braucht. Notfalls müssen Sie eine Vollspektrumleuchte zu Hilfe nehmen, damit die Pflanzen gut wachsen.

Für Möbel und Ziergegenstände sind die Yang-Materialien Glas, Marmor, Granit und Stein zu empfehlen. Günstig ist auch eine Yang-Kost mit viel Fisch, Getreide und Wurzelgemüse; verzichten Sie auf Süßigkeiten, rohes Obst, kalte oder zuckerhaltige Getränke, Kaffee und Wein, die alle mehr Yin enthalten. Ein Kampfsport oder intensive körperliche Bewegung an der frischen Luft tun ein Übriges, um Ihnen mehr Yang-Energie zu geben.

Problem

Ich bin oft wegen Kleinigkeiten sehr ängstlich, was mich daran hindert, neue Herausforderungen anzunehmen. Wie kann ich dieses Verhalten ändern und mutiger werden?

Werden Sie mehr Yang, dann sind Sie weniger ängstlich. Günstig sind ein Außensport, Yang-Lebensmittel und Pflanzen im Norden der Wohnung, vor allem wenn dort das Bad liegt.

Problem

Seit ich eine neue Beziehung habe, fällt es mir schwer, Entscheidungen zu treffen und irgendetwas selbstständig zu tun. Wie kann ich das ändern und unabhängiger werden?

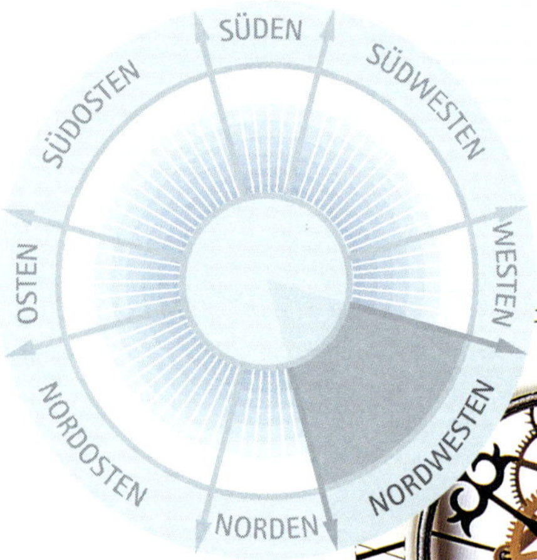

Eine Metalluhr, am besten mit Pendel, im Nordwesten der Wohnung macht disziplinierter und bestimmter.

Lösung

Nach der Feng-Shui-Lehre ist extreme Abhängigkeit die Folge von zu viel träger südwestlicher Erd-Chi-Energie. Sie erschwert eigenständiges Handeln und sollte deshalb reduziert werden. Aktivieren Sie stattdessen die Chi-Energie des Nordens, die mit Unabhängigkeit zu tun hat.

Zur Beruhigung der schädlichen südwestlichen Chi-Energie können Sie ein Porzellanschälchen mit ein oder zwei Teelöffeln Meersalz oder auch schwere Gegenstände aus Metall, zum Beispiel eine Metallfigur, in den Südwesten Ihrer Wohnung stellen. Wenn sich dort eine Tür oder eine Treppe befindet, kann diese Chi-Energie sich bei Ihnen zu Hause ziemlich ungehindert bewegen; buschige Pflanzen neben der Tür oder an der Treppe bremsen sie.

Entschlossener werden Sie, wenn Sie die nordwestliche Chi-Energie stärken, indem Sie im Nordwesten Ihrer Wohnung eine Pendeluhr aus Metall installieren. Das rhythmische Ticken regt dazu an, nichts schleifen zu lassen. Ebenfalls hilfreich sind Wandfarben und Dekorationen in Altweiß, Grau und Silber in dieser Richtung.

Um selbstsicherer zu werden, sollten Sie mehr östliche Chi-Energie aufnehmen, etwa durch ein Wasserobjekt im Osten Ihrer Wohnung. Auch mehr Yang macht Sie selbstbewusster und entscheidungsfreudiger; also treiben Sie Sport und essen Sie mehr Yang-Lebensmittel wie Fisch, Getreide und Wurzelgemüse.

Sie fühlen sich selbstbestimmter, wenn Ihr Kopf beim Schlafen Richtung Nordwesten liegt; unbedingt meiden als Schlafrichtung sollten Sie den Südwesten.

Ihre Unabhängigkeitsbestrebungen bleiben eher erfolglos, wenn Ihre Neun-Ki-Zahl im Südwesten liegt. Wenden Sie in diesem Fall die obigen Maßnahmen im nächsten Jahr an, wenn Ihre Neun-Ki-Zahl in den östlichen Bereich wechselt.

Problem

Meine Stimmung schwankt extrem: Von einem Moment zum nächsten kippt sie von himmelhoch jauchzend nach zu Tode betrübt. Was kann ich tun, um ausgeglichener zu werden?

Lösung

Dem Feng Shui zufolge fördert eine instabile Umgebung, in der Ihre persönliche Chi-Energie sich schnell verändert, die Achterbahnfahrt der Gefühle. Ein instabiler Chi-Fluss in der Wohnung entsteht oft durch Treppen, die zum Haupteingang führen, lange Flure und eine Reihe mehrerer Türen. Solche Problemzonen lassen sich entschärfen, wenn Sie viele blattreiche Pflanzen in ihnen aufstellen. Auch schwere Stoffvorhänge oder Teppiche können den Chi-Fluss regulieren.

Aus dem Kellerloch der Depression holt Sie der Aufenthalt in weiten, großzügigen Räumen oder Zimmern mit leuchtenden Farben und harten Oberflächen heraus. Drohende Hyperaktivität wird durch kuschelige Räume mit vielen Kissen und weichen Teppichen vermieden.

Ein gleich bleibender Tagesablauf gibt auch dem Seelenleben mehr Stabilität. Versuchen Sie deshalb, die Mahlzeiten jeden Tag zur gleichen Zeit einzunehmen und immer zur gleichen Zeit ins Bett zu gehen. Dadurch entwickelt der Körper einen Rhythmus, der abrupten Stimmungswechseln die Spitze nimmt.

Sie gewöhnen sich eher an Regelmäßigkeit, wenn Ihr Kopf beim Schlafen Richtung Nordwesten liegt – diese Richtung hat mit Stabilität und Selbstdisziplin zu tun. Auch eine Pendeluhr aus Metall im Nordwesten der Wohnung unterstützt dieses Ziel.

Wenn Ihre Neun-Ki-Zahl im Süden oder in der Mitte liegt, fällt es Ihnen schwerer, Ihre Stimmungen in den Griff zu bekommen.

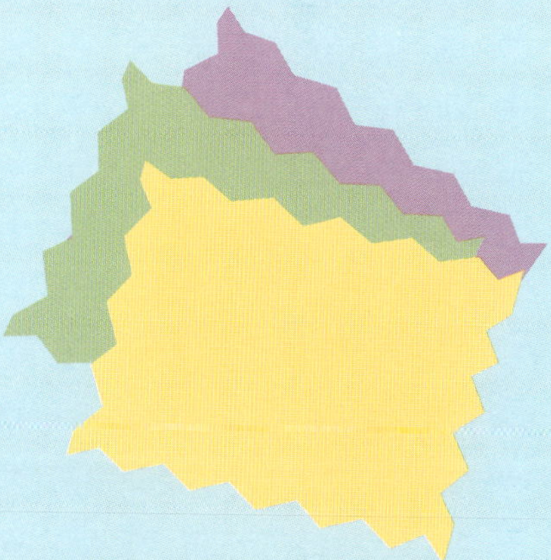

Eine ausgewogene persönliche Chi-Energie macht Stimmungswechsel unwahrscheinlicher. Setzen Sie sich in einen bequemen Sessel, wenn Sie hyperaktiv, das heißt zu Yang sind. Für die depressive Phase, in der Sie zu Yin sind, empfehlen sich leuchtende Farben.

Besser nicht

Zucker kann die Stimmung nur kurzfristig verbessern. Weißer Zucker und ähnliche Süßungsmittel gehen schnell ins Blut und sorgen für einen sofortigen Energieschub. Zur Senkung des Blutzuckerspiegels gibt die Bauchspeicheldrüse dann Insulin ab, was den Blutzuckerspiegel oft zu tief absacken lässt – Sie werden wieder müde und depressiv. Um Ihre Power zurückzubekommen, greifen Sie erneut zu Zucker. Essen Sie weniger Zucker und mehr komplexe Kohlenhydrate, dann kommen Sie aus diesem Teufelskreis heraus.

Die Acht Richtungen

Im Feng Shui gibt es acht Hauptrichtungen mit jeweils charakteristischer Energie. Wenn Sie die Eigenschaften dieser Richtungen kennen, haben Sie ein weiteres Hilfsmittel, um problematische Lebensbereiche zu korrigieren. Die Chi-Energie des Südens etwa hat mit Geselligkeit zu tun; wenn Sie sich einsam fühlen, sollten Sie sich also verstärkt die südliche Chi-Energie zuführen.

Jeder Richtung werden verschiedene Merkmale zugeordnet, die zusammen ihre charakteristische Energie ergeben. Zu diesen Merkmalen gehören unter anderem die Tages- und die Jahreszeit, ein Symbol aus der Natur, eins der Fünf Elemente, eine Farbe, eine Neun-Ki-Zahl, ein Familienmitglied der traditionellen östlichen Familie und ein Trigramm – eine Abfolge von drei parallelen, unterbrochenen oder durchgehenden Linien. Unterbrochene Linien stehen für Yin, durchgehende für Yang. Auch die Mitte eines Raums hat ihre eigene Chi-Energie, dieser wird aber kein Trigramm, Symbol oder Familienmitglied, keine Tages- oder Jahreszeit zugeordnet.

Am einfachsten können Sie eine dieser Energien stärken, wenn Ihr Kopf beim Schlafen in eine dafür günstige Richtung zeigt. Das Chi tritt nämlich am leichtesten durch den obersten Punkt des Kopfes in den Körper ein. Vorteilhaft ist es auch, mit Blick in diese Richtung zu sitzen, etwa am Schreibtisch.

Der Grundriss Ihrer Wohnung oder Ihres Büros (siehe S. 8–10) zeigt Ihnen, welche Bereiche zu welcher Richtung gehören und welche Energie sie demzufolge beeinflusst.

SÜDOSTEN

4

Vormittag
Übergang Frühjahr – Sommer
Wind
Älteste Tochter

Das Symbol »Wind« zeigt, dass diese Chi-Energie sich sehr gut zur Verbreitung von Ideen eignet. Stärken Sie sie, wenn Sie besser kommunizieren wollen, sei es durch Reden, Schreiben, Film, Kunst oder Musik. Diese kreative, phantasievolle Energie trägt dazu bei, dass es in Ihrem Leben vorwärts geht, besonders im Hinblick auf zukünftigen Wohlstand.

OSTEN

3

Morgen
Frühling
Donner
Ältester Sohn

Diese Energie repräsentiert den neuen Tag und ist ideal, wenn Sie etwas Neues anfangen, etwa eine Firma gründen oder eine neue Stelle antreten. Ihre nach oben gerichtete Tendenz fördert Selbstvertrauen, Begeisterung und Ehrgeiz. Das Symbol »Donner« verweist auf eine laute, kraftvolle Energie, die günstig ist, wenn Sie aktiv werden und Dinge in Angriff nehmen wollen. Schlafen Sie mit dem Kopf in dieser Richtung, wenn Sie früher aufwachen und aufstehen wollen.

NORDOSTEN

8

Früher Morgen
Übergang Winter – Frühling
Berg
Jüngster Sohn

Diese durchdringende, schnell sich ändernde Energie ist gut, wenn Sie einen klaren Kopf bekommen, Entschlüsse fassen und über neue Lebenswege nachdenken wollen. Sie spornt Sie dazu an, zu konkurrieren, hart zu arbeiten und neue (finanzielle) Chancen aufzuspüren.

SÜDEN

9

Mittag
Hochsommer
Feuer
Mittlere Tochter

Diese hitzige, leidenschaftliche Energie fördert den Selbstausdruck, Herzlichkeit, Geselligkeit und Großzügigkeit. Sie ist hilfreich, wenn Sie sich gut vermarkten wollen und Auszeichnungen und öffentliche Anerkennung anstreben.

SÜDWESTEN

2

Nachmittag
Übergang Sommer – Herbst
Erde
Mutter

Eine ideale Energie, wenn Sie die Qualität Ihrer Arbeit verbessern und praktischer und realistischer werden wollen. Die beständige Erd-Energie unterstützt das Vertiefen von Beziehungen – zu Freunden, Intimpartnern und der Familie. Die Energie wird der Mutter zugeordnet und fördert Fürsorglichkeit, vor allem in der Familie.

MITTE

5

Die Chi-Energie der Mitte verbindet alle Acht Richtungen und ist die kraftvollste von allen. Ihr wird kein eigenes Trigramm, kein Symbol und keine Tages- oder Jahreszeit zugeordnet, vielmehr steht sie für alle Arten dieser Merkmale. Deshalb kann diese Energie Ihnen helfen, zum Mittelpunkt der Aufmerksamkeit zu werden und Menschen anzuziehen. Lassen Sie die Mitte eines Raums oder Gebäudes möglichst leer, damit diese Energie Platz hat, sich zu entfalten.

WESTEN

7

Früher Abend
Herbst
See
Jüngste Tochter

Analog zur Erntetätigkeit im Herbst ist diese Chi-Energie ideal, um Dinge vorteilhaft zu beenden. Sie fördert Zufriedenheit, Entspanntheit und den Sinn fürs Finanzielle. Die jüngste Tochter steht für die spielerische, angenehme Seite des Lebens. Diese Energie begünstigt daher romantische Gefühle und eine liebevolle Beziehung.

NORDEN

1

Nacht
Tiefster Winter
Wasser
Mittlerer Sohn

Diese Energie macht unabhängiger, objektiver, spiritueller und kreativer. Sie ist ideal, wenn Sie schwanger werden, Ihr Sexualleben verbessern oder Schlafstörungen beheben wollen; auf Gesundheit und Vitalität hat sie großen Einfluss. Sie ist sehr beweglich und hilft Ihnen, Hindernisse zu überwinden.

NORDWESTEN

6

Später Abend
Übergang Herbst – Winter
Himmel
Vater

Diese Energie, der das Trigramm mit dem meisten Yang und außerdem der Vater zugeordnet werden, hat mit Erfahrung und Reife zu tun. Sie aktiviert Führungsqualitäten, Verantwortungsgefühl und Strukturiertheit. Sie fördert Weisheit, Würde, Vertrauen und Respekt.

Schlafstörungen

Problem

Ich komme oft zu Verabredungen zu spät, weil es mir schwer fällt, morgens wach zu werden und aufzustehen. Wie kann ich das mit Feng Shui ändern?

Lösung

Im Schlaf lassen wir den tagsüber angesammelten Stress los und regenerieren uns. Wenn Sie morgens nicht wach werden, fehlt Ihnen möglicherweise die Chi-Energie des Ostens, die dem Frühling, dem Sonnenaufgang und dem Tagesanbruch entspricht.

Wenn Sie morgens nicht wach werden, weil Sie sich nachts nicht richtig entspannen, liegt das vielleicht an einem Spiegel gegenüber dem Bett. Spiegel schicken Ihnen nämlich Ihre eigene Chi-Energie zurück, anstatt sie abfließen zu lassen. Damit Ihre Chi-Energie sich auf den nächsten Tag vorbereitet und nicht für die Verdauung gebraucht wird, sollten Sie mindestens drei Stunden vor dem Zubettgehen zum letzten Mal etwas essen. Bettwäsche aus 100 % Baumwolle verhindert, dass statische Elektrizität sich aufbaut und Ihre Chi-Energie durcheinander bringt.

OSTEN

Sie nehmen mehr östliche Chi-Energie auf, wenn Ihr Kopf beim Schlafen in diese Richtung zeigt. Schlafen Sie auch möglichst im Osten Ihrer Wohnung in einem Zimmer mit Fenster nach Osten. Oberflächen aus Holz und hohe, leuchtend grüne Gegenstände sind Träger der östlichen Chi-Energie; ein Schlafzimmer mit Wänden und Bettwäsche in (Lind-)Grün, mit hohen, blattreichen Pflanzen und einem Fußboden oder Bett aus Holz tragen ebenfalls dazu bei, dass Sie frisch und munter aufwachen.

Obwohl Vorhänge im Allgemeinen nachts zugezogen sein sollten, rate ich in Ihrem Fall davon ab, damit die aktivierenden Sonnenstrahlen Sie möglichst direkt erreichen. Recken und strecken Sie sich nach dem Aufstehen am offenen Fenster und machen Sie ein paar tiefe Atemzüge, das belebt und kräftigt den Körper. Um den Kreislauf anzuregen, rubbeln Sie die Haut mit einem warmen, feuchten Baumwollhandtuch ab. Mehr östliche Chi-Energie und damit Optimismus und Schwung nehmen Sie auch auf, wenn Ihr Blick beim Frühstück nach Osten oder Südosten geht.

Das Aufstehen fällt Ihnen am leichtesten, wenn Ihre Neun-Ki-Zahl im Osten oder Südosten liegt.

Problem

Ich hatte bei der Arbeit viel Stress und habe jetzt Schwierigkeiten, ein- und durchzuschlafen. Wenn ich bei meiner Freundin übernachte, ist das nicht so. Was kann ich in meinem Schlafzimmer verändern, damit ich zu Hause besser schlafe?

Lösung

Die Atmosphäre in Ihrem Schlafzimmer beeinflusst die Qualität Ihres Schlafs sehr stark; je reibungsloser und ruhiger das Chi dort fließt, desto leichter fällt es Ihnen, zu entspannen und tief zu schlafen. Diesen günstigen Chi-Fluss fördern Sie, wenn Sie Ihrem Schlafzimmer mehr Yin-Energie geben und die Wasser-Chi-Energie stärken, die der Nacht entspricht.

Eine kuschelige Yin-Atmosphäre entsteht durch viele weiche, anschmiegsame Gestaltungselemente, etwa Wollteppiche, fließende Vorhänge und große Kissen. Holen Sie auch mehr Cremetöne ins Schlafzimmer, sie sind von allen Farben am meisten Yin und am friedlichsten. Pastellige Grün- und Blautöne, die ebenfalls entspannende Yin-Farben sind, passen gut dazu.

Sie bringen mehr Ruhe in den Chi-Fluss im Schlafzimmer, wenn Sie viele ausladende, blattreiche Pflanzen aufstellen; halten Sie die Schlafzimmertür über Nacht geschlossen und ziehen Sie die Vorhänge zu. Spiegel, die das Chi im Raum hin und her schicken, beschleunigen den Chi-Fluss und sollten abends entfernt oder zugehängt werden. Synthetikstoffe bauen ein elektrisches Feld auf, das Ihre Chi-Energie negativ beeinflusst und Sie nachts nicht zur Ruhe kommen lässt; günstiger ist Bettwäsche aus reiner Baumwolle oder anderen Naturfasern.

Am ruhigsten ist die Chi-Energie im Norden und Nordwesten Ihrer Wohnung; verlegen Sie deshalb Ihr Schlafzimmer möglichst dorthin. Die friedliche Wasser-Chi-Energie nehmen Sie auf, wenn der Kopfteil Ihres Bettes nach Norden zeigt.

Damit die Chi-Energie vom Kopf Richtung Füße fließt – was die Gedanken zur Ruhe kommen lässt –, rate ich zu einem 10-minütigen warmen Fußbad unmittelbar vor dem Zubettgehen. Verzichten Sie ab dem späten Nachmittag auf Stimulanzien wie Kaffee und ersetzen Sie sie durch beruhigende Getränke, etwa Kamillentee oder heißen Apfelwein.

Problem

Ich bin vor kurzem umgezogen und habe seitdem Albträume. Ich frage mich, ob das zusammenhängt und Feng Shui mir helfen kann.

Lösung

Albträume stören den Schlaf und verhindern, dass der Körper den tagsüber angesammelten Stress abbaut. Aus der Sicht des Feng Shui gehen die meisten Albträume darauf zurück, dass die Chi-Energie im Schlafzimmer sich zu schnell bewegt. Das ist noch schlimmer, wenn das Chi sich in gerader Linie auf Ihr Bett zubewegt.

Stellen Sie zur Beruhigung der Chi-Energie einen Gummibaum oder eine andere Pflanze mit runden, hängenden Blättern ins Zimmer, besonders vor vorstehende Kanten oder scharfe Gegenstände, die auf Ihr Bett zeigen. Leuchtende Farben, etwa Rot, Orange und Purpur, beschleunigen den Chi-Fluss; Pastellfarben sind für ein Schlafzimmer deshalb eher geeignet. Vor allem blasse Grün- und Blautöne fördern eine entspannende Atmosphäre.

Sie nehmen mehr ruhige, friedliche Energie auf, wenn Ihr Kopf beim Schlafen Richtung Norden, Nordwesten oder Westen liegt. Bringen Sie das Schlafzimmer möglichst in diesen Richtungen oder in der Mitte Ihres Hauses unter.

Halten Sie die Schlafzimmertür bei Nacht geschlossen, um den Chi-Fluss zu beruhigen, und entfernen oder bedecken Sie Spiegel gegenüber dem Bett, damit die Chi-Energie nicht auf Sie zurückgeworfen wird.

Albträume können auch durch elektromagnetische Felder verursacht werden, die von Elektrogeräten ausgehen, zum Beispiel von Heizdecken, Weckern, Lampen und Fernsehern. Stellen Sie diese Geräte daher möglichst weit vom Bett entfernt auf und schalten Sie sie ab, wenn Sie schlafen.

Besser nicht

Wenn Ihr Schlafzimmer am Ende eines langen Flurs oder im Nordosten der Wohnung liegt, fließt eine schnelle, durchdringende Chi-Energie auf Sie zu, während Sie schlafen. Das kann sich wie ein Angriff anfühlen und Albträume begünstigen; überlegen Sie, ob Sie das Schlafzimmer nicht woanders unterbringen können.

Finanzen

2

Wohlstand mehren

Problem

Auch bei den einfachsten Finanzfragen bin ich auf den Rat anderer angewiesen. Ich würde mich gern selbst in Gelddingen auskennen. Wie kann Feng Shui mir helfen?

Lösung

Die dem Wasser zugeordnete Chi-Energie des Nordens hat mit Unabhängigkeit und Objektivität zu tun; wenn Sie sie stärken, brauchen Sie andere nicht mehr bei jeder Kleinigkeit um Rat zu fragen. Diese Energie trägt auch dazu bei, dass das Geld Ihnen zufließt. Sie wird aktiviert, wenn Sie ein Windspiel aus Metall vor einer Tür im Norden oder einen Kristall vor einem Nordfenster anbringen oder cremefarbene Kleidung und Accessoires tragen.

Auch die Chi-Energie des Westens ist günstig, weil sie eine Verbindung zu Metall hat, dem Element, aus dem das Geld ist. Sie rückt daher finanzielle Dinge in Ihr Blickfeld und regt Sie dazu an, sich mehr damit zu beschäftigen. Nebenbei sorgt sie dafür, dass Sie mit Ihrem Bankberater besser kommunizieren und Geldgeschäfte gewissenhafter verfolgen. Sie nehmen diese Energie auf, wenn der Westen Ihre Schlaf- und Blickrichtung ist oder Sie eine mit Münzen gefüllte Metallschale auf einem roten Deckchen in den Westen Ihrer Wohnung stellen; ein Spiegel hinter der Schale verstärkt den Effekt.

Zur Aktivierung der Metall-Chi-Energie können Sie die Farben Rot, Gold und Silber in die Wohnung holen; dazu eignen sich Dekostoffe, Bilder und andere Einrichtungselemente. Die Yang-Farbe Rot hilft Ihnen auch, sich generell mehr auf Ihre Finanzen zu konzentrieren.

Die Chi-Energie des Nordwestens vermittelt Ihnen das Gefühl, Ihr Leben und Ihre Finanzen im Griff zu haben. Weil der Nordwesten dem Himmel entspricht und das zugehörige Trigramm den Vater repräsentiert, fördert diese Energie den weisen, würdevollen Umgang mit Geld, sodass Sie den Rat anderer nicht mehr brauchen. Wenn es diese Energie ist, die Ihnen fehlt, sollten Sie in den Nordwesten Ihrer Wohnung eine Pendeluhr oder eine runde Uhr mit möglichst vielen Metallteilen stellen. Zur Verstärkung des Effekts empfiehlt es sich, dort zusätzlich eine Metallschale mit Münzen auf einem roten Deckchen zu deponieren und mit dem Kopf nach Nordwesten zu schlafen.

Es fällt Ihnen am leichtesten, Ihre Finanzen wohlüberlegt und selbstverantwortlich zu regeln, wenn Ihre Neun-Ki-Zahl im Westen oder Nordwesten liegt.

Problem

Vor kurzem habe ich ein paar gute Investitionen verpasst. Wie müsste meine Wohnung aussehen, damit ich neue Chancen zum Geldverdienen schneller und treffsicherer erkenne?

Lösung

Die schnelle, auf äußere Einflüsse reagierende Chi-Energie des Nordostens ist ideal, um neue Chancen zum Geldverdienen zu erkennen und umzusetzen, bevor andere es tun. Hellwach für profitable Geldgeschäfte und günstige Investitionen werden Sie auch durch mehr Yang.

Die nordöstliche Chi-Energie können Sie auf verschiedene Weise in Ihrer Wohnung und Umgebung stärken: Weil ihr als Symbol der Berg zugeordnet wird, helfen dekorative Steine im und ums Haus; weil ihr die Farbe Schneeweiß entspricht, helfen leuchtend weiße Wände und Decken sie hervorzulocken oder, einfacher und sehr dekorativ, weiße Blumen oder weiße Bergkristalle.

Die Feuer-Chi-Energie baut die nordöstliche Chi-Energie auf und hilft Ihnen, zukünftige Trends zu erkennen. Stoffe und Gegenstände in leuchtenden Purpurtönen, eine helle Beleuchtung im Süden Ihrer Wohnung und jede Menge Pflanzen mit spitzen Blättern aktivieren diese günstige Energie.

Eine Yang-Atmosphäre macht hellwach für neue Chancen und entsteht, wenn Sie in Ihrer Wohnung viel freien Raum, harte Oberflächen und leuchtende Farben haben. Verzichten Sie auf alles, was Yin ist, etwa niedrige, weiche Polstersessel, dicke Teppiche und schwere Vorhänge.

Ein erhöhter Standpunkt vermittelt den Eindruck von Weite und regt Ihre persönliche Chi-Energie dazu an, sich auszudehnen, sodass Sie mehr Chancen wahrnehmen. Deshalb kann das Leben oder Arbeiten in einem hohen Gebäude vorteilhaft sein, vor allem wenn es die umgebenden Gebäude überragt. Setzen Sie sich möglichst auch immer auf einen hohen Stuhl, etwa einen Barhocker in der Küche oder einen hohen Bürostuhl am Arbeitsplatz.

Sie nutzen Chancen eher, wenn Ihre Neun-Ki-Zahl im Nordosten, Westen oder Süden liegt.

NORDOSTEN

Problem

Meine Firma muss mehr Gewinn machen. Wir haben ein gutes Produkt und volle Auftragsbücher, aber ich weiß, dass wir profitabler arbeiten könnten. Welche Feng-Shui-Mittel empfehlen Sie?

Lösung

Sie brauchen mehr westliche und mehr südöstliche Chi-Energie. Die Energie des Westen entspricht der Ernte und hilft Ihnen, höhere finanzielle Gewinne zu machen. Die Energie des Südostens hat mit dem Sonnenaufgang und dem Frühling zu tun und sorgt für Wachstum, Fortschritt und zukünftigen Wohlstand.

Beide Energien führen Sie sich am leichtesten zu, wenn Ihr Kopf beim Schlafen in eine dieser Richtungen zeigt, vor allem wenn Sie die Person sind, die den größten Einfluss auf die Firmengewinne hat. Neue Maßnahmen zur Verbesserung des Finanzmanagements der Firma könnten so leichter durchsetzbar sein.

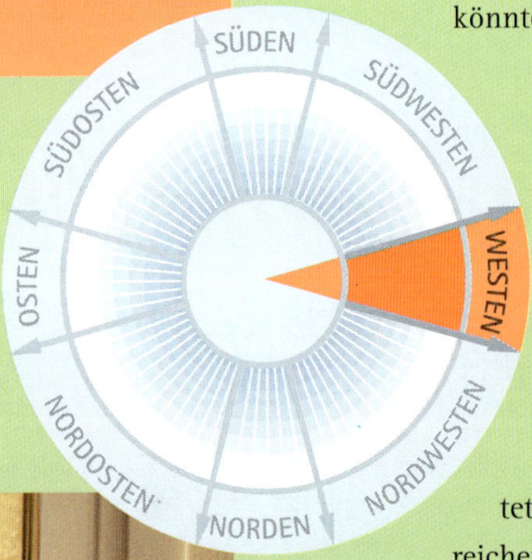

Günstig ist auch, wenn Ihr Blick beim Arbeiten nach Westen oder Südosten geht. Dasselbe gilt für eventuelle Angestellte, insbesondere das Buchhaltungspersonal und andere Mitarbeiter, die direkt mit den Finanzen zu tun haben. Im Idealfall sollten alle Buchhaltungsarbeiten im Westen Ihres Büros stattfinden; deponieren Sie dort auch den Safe mit Schecks und Bargeld. Eine Liste mit Ihren Finanzzielen, die Sie im Westen Ihres Büros aufhängen, richtet Ihre Gedanken immer wieder auf das, was Sie erreichen wollen, und fördert so dessen Realisierung.

Die westliche Chi-Energie aktivieren Sie zusätzlich durch rote Blumen in einer runden Silbervase oder Münzen in einem roten Tuch im Westen Ihres Büros. Ein mit der Rückseite Richtung Westen stehender Spiegel hinter den Blumen verstärkt den Effekt. Der Westen entspricht dem Metall; achten Sie darauf, dass die Türgriffe und andere Metallgegenstände in diesem Bereich glänzen, das regt die Metall-Chi-Energie an.

Die Chi-Energie des Südostens bauen Sie auf, wenn Sie in dieser Richtung Ihres Büros einen Zimmerbrunnen aufstellen. Auch die Farbe Grün – in Form von Dekostoffen oder Einrichtungsgegenständen – mobilisiert diese Energie.

Der beste Zeitpunkt für die genannten Veränderungen ist ein Jahr, in dem Ihre Neun-Ki-Zahl im Westen oder Südosten liegt.

Sie stärken die günstige Metall-Chi-Energie des Westens, wenn Sie in diesem Bereich Ihrer Wohnung Münzen in einem roten Tuch aufbewahren. Alles Metallene in diesem Bereich, etwa die Türgriffe, sollte glänzen.

Problem

Ich glaube, ich wäre motivierter, wenn ich meine finanziellen Ziele fester im Blick hätte. Welche Einrichtung empfehlen Sie mir für Wohnung und Büro, damit ich das realisiere?

Lösung

Die nordöstliche Chi-Energie sorgt für mehr Motivation und Zielgerichtetheit, die westliche lenkt Ihren Blick auf die Finanzen, und die südöstliche lässt Sie bei der Arbeit bleiben, die Sie reich machen kann. Auch ein bisschen mehr Yang in Umgebung und Lebensweise fördert Aktivität und Motivation.

All diese Chi-Energien nehmen Sie verstärkt auf, wenn Ihr Kopf beim Schlafen in eine dieser Richtungen zeigt. Die Chi-Energie des Nordostens verträgt sich am wenigsten mit tiefem Schlaf; probieren Sie sie daher nur aus, wenn die anderen Richtungen keine große Wirkung zeigen.

Zur Mobilisierung der westlichen Chi-Energie platzieren Sie im Westen der Wohnung rote Blumen in einem runden, silbernen Gefäß oder Münzen in einem Metallschälchen, das Sie auf ein rotes Deckchen stellen. Der nordöstlichen Chi-Energie liefern weiße Steine oder eine weiß blühende Pflanze im Nordosten die günstigsten Bedingungen. Ein Wasserobjekt im Südosten der Wohnung vermehrt die Chi-Energie dieser Richtung. Stellen Sie in all diesen Bereichen viele Pflanzen auf – sie sorgen für eine gesunde Chi-Energie. Wenn der Wohnungseingang in einer der genannten Richtungen liegt, fließt die entsprechende Energie Ihnen sowieso reichlich zu.

Eine Yang-betonte Atmosphäre in Ihrer Wohnung entsteht durch leuchtende Farben und saubere, aufgeräumte Flächen. Ihre persönliche Chi-Energie tendiert mehr zu Yang, wenn Sie viel Wurzelgemüse, Getreide und Fisch essen oder eine Zeit lang einem Yang-Hobby nachgehen, etwa einem Kampfsport.

Wenn Sie generell Probleme mit der Motivation haben, sollten Sie sich ein paar Dinge oder Ziele überlegen, für die Sie sich anstrengen würden, und dann Bilder von ihnen in der Wohnung platzieren, etwa Fotos von einem Ferienziel, Ihrem Traumauto oder einer Villa an der Côte d'Azur. Hängen Sie die Bilder möglichst in den Nordosten, Südosten oder Westen der Wohnung.

Leuchtende Farben und eine Yang-betonte Ernährung fördern die Motivation. Auch ein Wasserobjekt im Südosten der Wohnung oder des Büros ist günstig.

Problem

Ich möchte mein Haus zu einem guten Preis verkaufen. Welche Feng-Shui-Maßnahmen unterstützen das?

Lösung

Ein entscheidender Faktor für den Entschluss, ein Haus zu kaufen, ist die von ihm ausgehende Atmosphäre. Sie sollte potenziellen Käufern das Gefühl vermitteln, dass es sich in diesem Haus glücklich leben lässt.

Dazu dient als Erstes der Eindruck von Geräumigkeit: Packen Sie unwichtige Möbel und andere frei herumstehende Dinge in die Garage oder ins Haus eines Freundes. Je leerer das Haus ist, desto größer wirkt es, was für potenzielle Käufer immer attraktiv ist. Außerdem kann so die Chi-Energie freier fließen. Enge Flure und kleine Räume werden weiter durch große Spiegel, die sich aber nicht anderen Spiegeln, Türen oder Fenstern gegenüber befinden sollten, weil das die Chi-Energie ziellos und chaotisch macht.

Halten Sie als Nächstes einen ausgiebigen Hausputz. Das erneuert die Chi-Energie und macht das Haus einladender. In Teppichen und Vorhängen sammeln sich Staub, Schimmel, Gerüche und stagnierende Chi-Energie an; reinigen Sie sie gründlich. Wenn sie anschließend unansehnlich oder alt wirken, entfernen Sie sie am besten ganz – sie können potenzielle Käufer abstoßen.

Jede Menge Pflanzen und Blumen bringen Farbe und eine gesunde, natürliche Atmosphäre ins Haus. Eine dunkle Wohnung wird durch Deckenstrahler heller. Streichen Sie Wände und Decken weiß, das wirkt ebenfalls licht und reinlich. Cremetöne sind mehr Yin und entspannen, während glänzendes Schneeweiß eine anregende Yang-Atmosphäre erzeugt.

Sie verkaufen Ihr Haus leichter und erzielen einen besseren Preis, wenn Ihre Neun-Ki-Zahl im Südwesten, Westen oder Nordosten liegt.

Problem

Ich möchte reicher werden und es mit Feng Shui probieren. Was soll ich tun?

Lösung

Mehr westliche Metall-Chi-Energie schärft Ihren Sinn für die Finanzen und ist der Schlüssel zu diesem Ziel. Nehmen Sie auch mehr südöstliche Holz-Energie auf – sie macht optimistisch und bringt Sie auf neue Ideen zum Geldverdienen.

Sie mobilisieren diese Energien, wenn Ihr Kopf beim Schlafen in eine dieser Richtungen zeigt. Der Südosten ist besser, wenn Sie von null an mit dem Reichwerden anfangen; der Westen passt, wenn Sie vorhandenen Wohlstand mehren wollen. Setzen Sie sich auch bei der Arbeit oder beim Entspannen zu Hause mit Blick in eine dieser Richtungen.

Die südöstliche Energie stärken Sie durch ein Wasserobjekt im Südosten Ihrer Wohnung. Dabei tendiert in Bewegung befindliches Wasser, etwa in Form eines Zimmerbrunnens, mehr zu Yang und ist daher vorteilhaft, um das Geldverdienen aktiver anzugehen. Da dem Südosten das Element Holz zugeordnet ist, intensivieren auch hohe Pflanzen in diesem Bereich die entsprechende Energie. Achten Sie auf Sauberkeit und Ordnung, dann kann die Chi-Energie frei fließen.

Mehr westliche Chi-Energie nehmen Sie auf, wenn Sie Gegenstände, die rot, aus Metall oder rund sind, im Westen von Wohnung und Büro platzieren, etwa glänzende Münzen oder eine Silberschale auf einem roten Deckchen oder rote Blumen in einer Metallvase. Alles, was aus Metall ist, auch die Türgriffe, sollte schön hell und sauber glänzen – das intensiviert die Metall-Chi-Energie.

Dinge, die Sie in schlechten Zeiten gekauft haben, etwa Gebrauchtmöbel, können Träger eben der Energie sein, von der Sie wegkommen wollen, und sollten deshalb durch etwas Neues ersetzt werden.

Am leichtesten bringen Sie es zu mehr Wohlstand, wenn Ihre Neun-Ki-Zahl im Südosten oder Westen liegt.

Rote, metallene oder glänzende runde Gegenstände im Westen der Wohnung vermehren die westliche Chi-Energie, die das Reichwerden begünstigt.

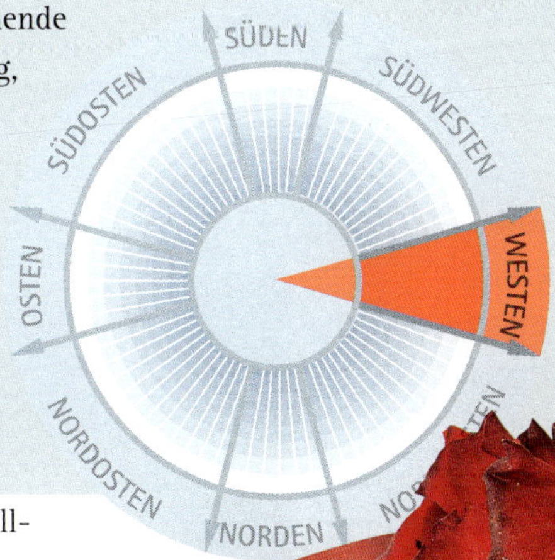

Neun-Ki-Astrologie

Die meisten hier vorgestellten Maßnahmen beruhen darauf, dass verschiedene Aspekte Ihrer häuslichen oder beruflichen Umgebung umarrangiert werden und so die jeweils günstige Chi-Energie angeregt wird. Manchmal ist jedoch auch ein unpassender Zeitpunkt die Ursache Ihres Problems; dann hilft die Neun-Ki-Astrologie Ihnen, den besten (und den schlechtesten) Zeitpunkt zur Erreichung Ihres Ziels zu ermitteln.

Es gibt zwei Feng-Shui-Astrologiesysteme, von denen ich das in Japan übliche Neun-Ki-System verwende. Ich ziehe es bei allen größeren Entscheidungen zu Rate und habe festgestellt, dass ich auf diese Weise mit weniger Mühe mehr erreiche. Wenn die Kräfte der Natur nicht gegen, sondern für Sie arbeiten, wird einfach alles leichter.

Ihre Neun-Ki-Zahl

In der westlichen Astrologie lässt sich an Ihrem Geburtsdatum Ihr Sternzeichen ablesen; in der Neun-Ki-Astrologie wird vom selben Datum aus Ihre Neun-Ki-Zahl berechnet.

Diese Zahl repräsentiert das Muster der im Universum vorhandenen Chi-Energien zum Zeitpunkt Ihrer Geburt. Das Muster hat Ihren Charakter mit geformt und bleibt Ihnen Ihr Leben lang erhalten. Die Energiemuster der einzelnen Jahre sind jedoch unterschiedlich; in Verbindung mit Ihrer persönlichen Chi-Energie beeinflussen sie Ihre Gefühle und Ihre Interaktionen mit Menschen und Orten. Mit der Neun-Ki-Astrologie lassen sich daher zukünftige Verhaltensschwerpunkte vorhersagen, was Sie nutzen können, um Ihre Ziele zum erfolgversprechendsten Zeitpunkt anzupacken.

Weil die Energiemuster sich in einem Zyklus von neun Jahren jährlich ändern, gibt es neun Neun-Ki-Zahlen. Ihre Neun-Ki-Zahl finden Sie durch die folgende einfache Berechnung: Zählen Sie die letzten beiden Ziffern Ihres Geburtsjahres zusammen. Falls dies eine zweistellige Zahl (zwischen 10 und 18) ergibt, müssen Sie diese beiden Ziffern wieder zusammenzählen, sodass Sie am Schluss eine Zahl zwischen 1 und 9 haben.

Wenn Sie zwischen 1900 und 1999 geboren sind, ziehen Sie die soeben ermittelte Zahl von 10 ab. Für Geburtstage ab dem Jahr 2000 subtrahieren Sie von 9. Dann haben Sie Ihre Neun-Ki-Zahl. Wenn Sie zum Beispiel 1963 geboren sind, ist Ihre Neun-Ki-Zahl 1 (6+3=9, 10-9=1). Wenn Sie 1979 geboren sind, ist Ihre Neun-Ki-Zahl 3 (7+9=16, 1+6=7, 10-7=3). Wer im Jahr 2000 geboren ist, hat die Neun-Ki-Zahl 9 (0+0=0, 9-0=9).

Dem Neun-Ki-Kalender zufolge beginnt das Jahr am 3., 4. oder 5. Februar. Wenn Sie also im Januar oder an den ersten beiden Februartagen geboren sind, müssen Sie bei Ihren Berechnungen

4	9	2
3	5	7
8	1	6

Dieses magische Quadrat ist die Grundlage der Neun-Ki-Astrologie. Es dient als Karte und Plan zur Darstellung der wechselnden Energiemuster und hilft, den günstigsten Zeitpunkt zu bestimmen.

Jedes Jahr entspricht Ihre Neun-Ki-Zahl einer bestimmten Himmelsrichtung, und Sie erreichen Ziele, die diese Richtung oder Einstellung erfordern, leichter (siehe Kasten unten rechts).

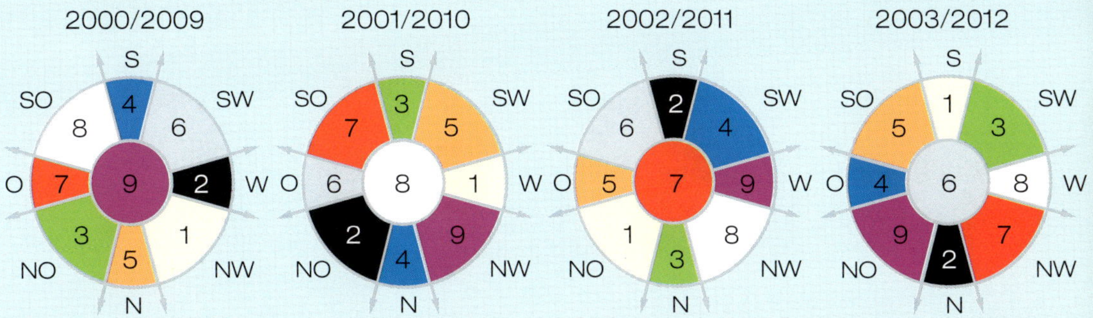

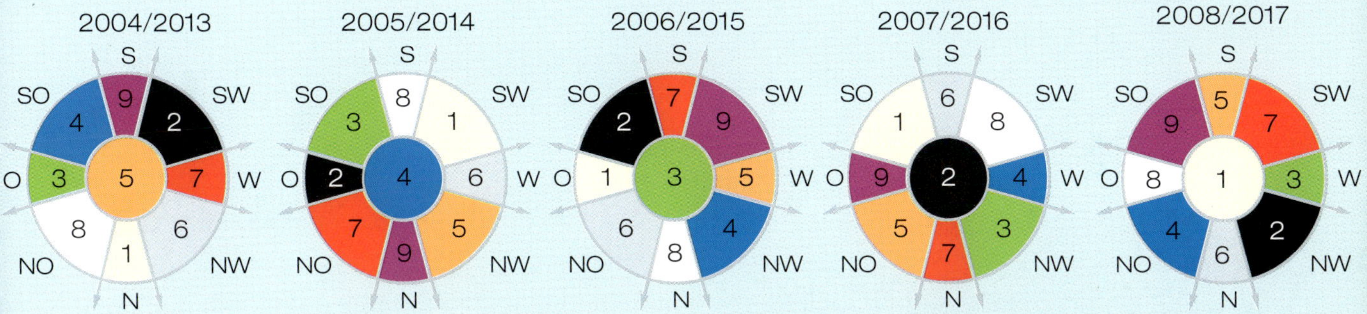

vom vorhergehenden Jahr ausgehen. Am 1. Februar 1972 Geborene etwa rechnen so, als wären sie 1971 geboren: 7 + 1 = 8, 10 – 8 = 2.

Günstige Ergebnisse vorprogrammieren

Jedes Jahr besetzt Ihre Neun-Ki-Zahl eine Himmelsrichtung in einem der neun Diagramme, die die neun Grundmuster der Chi-Energie darstellen (siehe Grafik oben). Jede Richtung entspricht bestimmten Gefühlen oder Einstellungen (siehe Übersicht rechts); wenn Ihre Neun-Ki-Zahl diese Richtung besetzt, können Sie Ziele, die die ihr entsprechenden Einstellungen oder Gefühle erfordern, eher erreichen.

Nehmen wir an, Ihre Neun-Ki-Zahl ist 7; die Diagramme oder »Karten« oben zeigen, welche Richtung die 7 in den verschiedenen Jahren besetzt. Im Jahr 2001 zum Beispiel liegt die 7 im Südosten – das bedeutet, dass die südöstliche Chi-Energie Sie besonders beeinflusst. Der Südosten hat mit Kreativität, Phantasie, Ausdauer und Kommunikation zu tun; also müsste es Ihnen 2001 leichter fallen, einen neuen Arbeitsplatz oder einen passenden Partner zu finden.

HIMMELSRICHTUNG	GEFÜHL ODER EINSTELLUNG
Nordon	Unabhängig, friedlich, spirituell, flexibel, zärtlich, objektiv
Südwesten	Ruhig, praktisch, realistisch, kontaktfreudig, fürsorglich
Osten	Begeistert, ehrgeizig, aktiv, zuversichtlich, zielgerichtet
Südosten	Kreativ, phantasievoll, ausdauernd, kommunikativ, sensibel
Mitte	Kraftvoll, beweglich, eindringlich, selbstherrlich, wechselhaft
Nordwesten	Selbstsicher, würdig, diszipliniert, planvoll, bestimmend
Westen	Zufrieden, romantisch, verspielt, haushälterisch, zielstrebig
Nordosten	Motiviert, schnell, leistungsbereit, schlagfertig, scharfsinnig
Süden	Emotional, ausdrucksstark, großzügig, gesellig, aufgeweckt

Wohlstand bewahren

Problem

Ich verdiene gut, habe aber trotzdem nichts zum Vorzeigen. Ich habe Angst, langfristig keinen bleibenden Wohlstand anzusammeln. Welche Feng-Shui-Maßnahmen empfehlen Sie mir?

Lösung

Die Chi-Energie des Südwestens entspricht dem Herbst und der Energie, die Eichhörnchen und andere Tiere dazu bewegt, Wintervorräte anzulegen. Wenn Sie sich mit dieser Energie umgeben, werden Sie Ihr Einkommen eher bewahren und vermehren.

Sie nehmen diese günstige Energie verstärkt auf, wenn Sie eine Zeit lang mit dem Kopf nach Südwesten schlafen, sich im Büro und zu Hause mit Blick in diese Richtung setzen und gelbe oder mattschwarze Gegenstände und Stoffe in diesen Bereich Ihrer Wohnung bringen. Am einfachsten lässt sich das mit gelben Blumen oder – da der Südwesten dem Element Erde entspricht – einem Tonschälchen mit Holzkohle im Südwesten Ihrer Wohnung verwirklichen.

Damit Sie Ihr Geld nicht so leicht ausgeben, sondern eher sparen, sollten Sie ein Auge auf tropfende Wasserhähne, Schimmel und Feuchtigkeit in Bad, Küche und WC haben, besonders wenn diese Räume im Westen oder Südwesten liegen. Die genannten Räume sollten sauber, trocken und möglichst leer sein. Geld hat mit dem Element Metall zu tun; lassen Sie es im Westen Ihrer Wohnung für sich arbeiten, indem Sie dort die Farben Silber, Grau oder Altweiß verwenden.

Wenn die Treppe zur Eingangstür führt oder Sie von der Eingangstür aus die Hintertür sehen können, verlässt die Chi-Energie Ihr Haus im Eiltempo, was verhindert, dass bleibender Wohlstand sich anhäuft. Abhilfe schaffen buschige Pflanzen neben der Treppe oder Tür. Oder bringen Sie einen kleinen konvexen Spiegel (Durchmesser maximal 5 cm) so an, dass Sie ihn sehen können, wenn Sie die Treppe herunterkommen oder auf die Hintertür zugehen.

Wenn Ihre Neun-Ki-Zahl im Südwesten liegt, fällt es Ihnen leichter, Wohlstand anzusammeln.

Holzkohle in einem Tonschälchen und gelbe oder mattschwarze Gegenstände im Südwesten Ihrer Wohnung tragen dazu bei, dass Ihr Geld Ihnen nicht zwischen den Fingern zerrinnt, sondern Früchte trägt.

Gesunder Menschenverstand

Kaufen Sie, wenn Sie unbedingt Geld ausgeben wollen, Dinge, deren Wert über die Jahre gleich bleibt oder steigt. Antiquitäten, Bilder, Oldtimer-Autos, Immobilien und Schmuck besitzen dieses Potenzial.

Problem

Gibt es irgendwelche Feng-Shui-Tipps zum Sparen? Ich verdiene gut, aber das Geld ist immer mir nichts, dir nichts weg.

Lösung

Wenn Sie sparen wollen, muss die Atmosphäre in Ihrer Wohnung den Blick auf die Finanzen und eine effiziente Verwendung von Geld unterstützen. Dem Feng Shui zufolge fördern die südwestliche und die westliche Chi-Energie diese Atmosphäre.

Die Chi-Energie des Südwestens aktivieren Sie durch gelbe Blumen oder eine gelb blühende Pflanze in diesem Bereich Ihrer Wohnung. Die Wirkung der Blumen ist stärker, wenn Sie sie in ein Tongefäß stellen – Ton ist Träger der Chi-Energie des Elements Erde, das dem Südwesten zugeordnet wird. Die Chi-Energie des Westens regen Sie an, wenn Münzen, Ihr Scheckbuch, rote Blumen oder eine rot blühende Pflanze sich im Westen Ihrer Wohnung befinden.

Selbstdisziplin und Vorausplanung werden unterstützt, wenn Sie im Nordwesten eines Raums mit Blick nach Südosten sitzen und mit dem Kopf nach Nordwesten schlafen.

Mit vorhandenem Wohlstand kann es bergab gehen, wenn der Energiestrom Ihre Wohnung zu leicht verlassen kann. Die Chancen dafür sind größer, wenn der Wasserhahn tropft oder Sie das Wasser ständig laufen lassen; eine defekte sanitäre Installation sollten Sie daher umgehend in Ordnung bringen. Den Chi-Verlust im Bad minimieren Sie, wenn Sie den WC-Deckel während des Spülvorgangs und die Badezimmertür ständig geschlossen halten. Feuchtigkeit und Schimmel erzeugen stagnierende, negative Chi-Energie; stellen Sie Pflanzen auf – sie absorbieren überschüssige Feuchtigkeit.

Problem

Ich neige dazu, mit Geld zu leichtsinnig umzugehen. Ich kaufe impulsiv ein, und oft bereue ich meine Käufe später. Durch welche Feng-Shui-Maßnahmen könnte das besser werden?

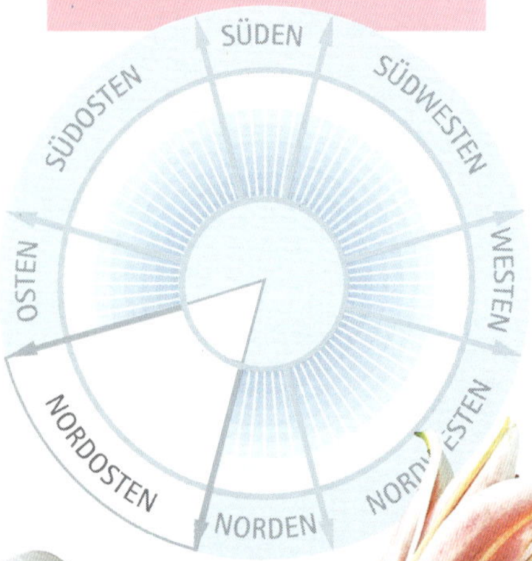

Lösung

Die wechselhafte Chi-Energie des Nordostens kann Sie zu Impulsivität anstacheln, die aktive, dem Donner entsprechende Chi-Energie des Ostens zu Sorglosigkeit. Damit Sie Ihre Impulsivkäufe besser in den Griff bekommen, müssen Sie diese Energien dämpfen und mehr nordwestliche Chi-Energie aufnehmen. Sie steht für Struktur und Organisation und hilft Ihnen, Ihre Ausgaben langfristig zu planen. Mit mehr südwestlicher Chi-Energie schließlich kaufen Sie pragmatischer und umsichtiger ein.

Stellen Sie zur Beruhigung der nordöstlichen Chi-Energie Porzellanschälchen mit zwei Esslöffeln Meersalz in den Nordosten Ihrer Wohnung und verwenden Sie dort Gegenstände, Dekostoffe oder Blumen in Rosa oder Grau.

Die östliche Chi-Energie wird vermindert, wenn Sie in diesem Bereich Ihrer Wohnung keine Glühbirnen, sondern Kerzen verwenden und ein Dekor in blassen Grün- oder Blautönen wählen. Wenn sich im Osten oder Nordosten ein Haupt- oder Nebeneingang befindet, sind die entsprechenden Energien von vornherein stärker und schneller; eine buschige Pflanze neben der Tür bremst sie.

Die Chi-Energie des Nordwestens mobilisieren Sie, wenn Sie in diesem Bereich eine runde Pendeluhr aus Metall, silberfarbene oder graue Gegenstände oder eine Münzsammlung unterbringen.

Zur Stärkung der südwestlichen Chi-Energie können Sie gelbe Blumen und sich ausbreitende Pflanzen, etwa Veilchen und Begonien, in diesen Bereich Ihrer Wohnung stellen. Da dem Südwesten das Element Erde entspricht, baut auch ein Tonschälchen mit Holzkohle diese Energie auf.

Eine Yang-Atmosphäre macht es schwerer, Probleme zu überwinden; eine Yin-betontere Atmosphäre entsteht durch Pflanzen mit hängenden Blättern, Pastellfarben und weiche Stoffe. Verzichten Sie auf harte Oberflächen, Spiegel, Kristalle und scharfe Kanten.

Sie können Ihre Ausgaben leichter steuern, wenn Ihre Neun-Ki-Zahl im Nordwesten oder Südwesten liegt.

Holen Sie Rosa und Grau in den Nordosten Ihrer Wohnung, das besänftigt die Chi-Energie dieser Richtung und bremst Ihre impulsive Ader.

Problem

Ich möchte in den nächsten Jahren in den Ruhestand gehen und den Übergang zu einem geringeren Einkommen so reibungslos wie möglich gestalten. Was kann ich dafür tun?

Lösung

Der Eintritt in den Ruhestand bezeichnet das Ende einer Lebensphase und den Beginn einer neuen. Dem Feng Shui zufolge tragen vor allem die Chi-Energien des Westens und Nordwestens dazu bei, Lebensphasen zufrieden stellend abzuschließen. Dabei ist die westliche Chi-Energie spielerischer und daher vorteilhafter, wenn Sie in der Übergangsphase entspannt und zufrieden sein wollen. Die nordwestliche Chi-Energie ist besser geeignet, wenn Sie Ihre Lebenserfahrung in neue Projekte einbringen wollen, etwa als Berater oder als ehrenamtlicher Helfer in gemeinnützigen Einrichtungen.

Sie nehmen mehr westliche Chi-Energie auf, wenn Sie beim Sitzen in westliche Richtung sehen und Ihr Bett so stellen, dass Ihr Kopf beim Schlafen in diese Richtung zeigt. Im Westen Ihrer Wohnung regen Sie diese Energie durch rote Blumen in einer runden Silbervase, glänzende Münzen auf einem roten Deckchen oder rote Bänder an. Oder stellen Sie einen Spiegel so auf, dass seine Rückseite nach Westen zeigt.

Die nordwestliche Chi-Energie stärken Sie durch eine Pendeluhr mit möglichst vielen Metallteilen, runde Silberschalen oder einen runden Spiegel mit Metallrahmen im Nordwesten Ihrer Wohnung. Oder stellen Sie Ihr Bett so, dass Ihr Kopf beim Schlafen Richtung Nordwesten liegt.

Ein Jahr, in dem Ihre Neun-Ki-Zahl im Westen oder Nordwesten liegt, ist für den Rückzug aus dem Arbeitsleben ideal.

Gesunder Menschenverstand

Wenn Sie den Übergang vom Beruf in den Ruhestand möglichst schnell bewältigen wollen, sollten Sie alles, was mit Ihrer Arbeit zu tun hat, wegräumen oder entsorgen und sich neue Beschäftigungen suchen. Malen, Gärtnern, Studieren oder Sport treiben geben Ihnen etwas, auf das Sie sich konzentrieren können.

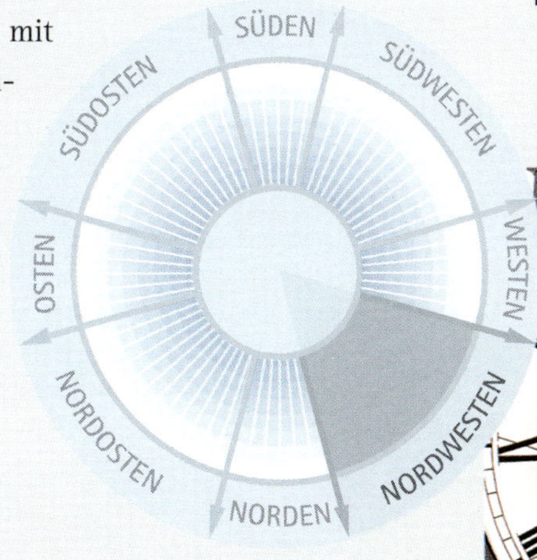

Der Übergang vom Beruf in den Ruhestand läuft glatter, wenn Sie eine Pendeluhr aus Metall in den Nordwesten Ihrer Wohnung stellen. Es stärkt die Chi-Energie, die den erfolgreichen Abschluss von Lebensphasen begünstigt.

Pflanzen

Gesunde, lebende Pflanzen sind einzigartige Feng-Shui-Hilfsmittel, weil sie natürliche, lebendige Chi-Energie in Ihre Wohnung bringen. Das ist besonders wichtig, weil moderne Wohnungen voll von synthetischen und manchmal giftigen Materialien wie Spanplatten, Plastik und Farben sind. Pflanzen geben außerdem Sauerstoff ab und sind eine der besten Möglichkeiten, einen Raum mit sauberer, frischer Luft zu versorgen.

Grundsätzlich stärken Pflanzen die Holz-Energie eines Raums. Auf Grund ihrer Charakteristika haben manche Pflanzen jedoch auch unterschiedliche Anteile der übrigen Elemente. So können Sie mithilfe geeigneter Pflanzen gezielt die Chi-Energie vermehren, die Ihnen am meisten nützt. Ich persönlich glaube, dass man gar nicht genug Pflanzen haben kann.

Problemzonen in der Wohnung lassen sich mit Pflanzen leicht entschärfen. Mehrere nebeneinander liegende Türen in einem langen Flur oder einander gegenüberliegende Türen und Fenster beschleunigen den Chi-Fluss, was einer entspannenden Atmosphäre abträglich ist. Pflanzen vor der Wand zwischen den Türen im Flur und buschige Pflanzen neben Fenstern oder Türen verlangsamen den Chi-Fluss.

Auch eine zur Eingangstür führende Treppe lässt das Chi schneller fließen, was im ganzen Haus zu einem Chi-

Spitzblättrige Pflanzen wie die Goldfruchtpalme (unten links) geben Yang-Energie ab. Pflanzen mit schmalen, hängenden Blättern wie die Grünlilie (unten rechts) erzeugen Yin-Energie. Buschige, blattreiche Pflanzen wie Ficus (ganz links) verlangsamen schnell fließendes Chi. Schlingpflanzen wie etwa Efeu (unten Mitte) stärken die Wasser-Chi-Energie.

Mangel führen und das Reichwerden schwer machen kann. Eine buschige Pflanze zwischen Treppenfuß und Eingangstür behebt das Problem. Das bedrückende, abwärts fließende Chi, das schwere Balken in einem Raum erzeugen und das depressiv und pessimistisch machen kann, lässt sich am besten durch hohe Pflanzen mit spitzen Blättern neutralisieren.

Oft stagniert die Chi-Energie in den Ecken eines Raums. Dagegen helfen Pflanzen mit kräftigen, spitzen Blättern, die den Chi-Fluss beschleunigen und auf Grund ihrer Feuer-Energie den Raum lebendiger machen.

Gelbe Blumen eignen sich gut zur Dekoration, wenn Gäste da sind. Sie schaffen eine lebendige, gesellige Chi-Atmosphäre, in der Freundschaften schnell tiefer werden.

Blumen

Frische Blumen geben ebenfalls lebendige Chi-Energie ab und bringen die ihrer Farbe und – in geringerem Ausmaß – ihrer Form entsprechende Chi-Energie in einen Raum (siehe S. 114–115). Schon mit ein paar Blumen können Sie die Energie eines Raums stark verändern, und weil es so viele verschiedene Arten gibt, lässt sich jede gewünschte Atmosphäre leicht herstellen.

Entsorgen Sie Blumen immer, bevor sie anfangen zu welken, denn unansehnliche Blumen geben eine negative Chi-Energie ab. Getrocknete Blumen sind akzeptabel, wenn sie richtig trocken und fest sind, aber sie sind nie so effektiv wie lebende Pflanzen. Künstliche Blumen haben keine lebendige Chi-Energie und können echte nicht ersetzen.

Norden	Nordosten	Osten	Südosten	Süden	Südwesten	Westen	Nordwesten
Orchideen gemischt mit roten Blumen machen faden Sex wieder interessant	Maiglöckchen beruhigen	**Farne** steigern Vitalität und Frische	**Kornblumen** fördern die Kommunikation und regen zum Reisen an	**Clematis** fördert Leidenschaft und Erfolg	**Stiefmütterchen** steigern Zufriedenheit und familiäre Harmonie	**Rosen** fördern romantische Gefühle, **Tulpen** den Wohlstand	**Pompondahlien** fördern Würde und Weisheit

Die Einstellung zu Geld verändern

Problem

Es fällt mir schwer, Geld für mich selbst auszugeben. Ich denke immer, ich brauche nichts. Was kann ich tun, damit ich mich bei dem Gedanken, mir etwas zu gönnen, wohler fühle?

Lösung

Das kommt auf die Ursache Ihres Problems an. Mehr westliche Chi-Energie macht Sie lustorientierter, mehr nordöstliche Chi-Energie regt Sie dazu an, zuerst an sich zu denken; die östliche Energie, die dem Frühling und dem Sonnenaufgang entspricht, macht selbstbewusster und durchsetzungswilliger; und die Wasser-Chi-Energie des Nordens, die mit Flexibilität zu tun hat, fördert eine unbekümmertere Einstellung zu Geld.

Entscheiden Sie, auf welche dieser Energien Sie sich konzentrieren wollen, und stellen Sie dann Ihr Bett so um, dass der Kopfteil in die entsprechende Richtung zeigt. Setzen Sie sich auch bei der Arbeit mit Blick in eine dieser Richtungen.

In Ihrer Wohnung verstärken Sie die westliche Chi-Energie durch rote Blumen in einer Metallvase, die nordöstliche Energie durch weiße Bergkristalle und die östliche Chi-Energie durch eine Schale mit frischem Wasser oder ein anderes Wasserobjekt. Die nördliche Chi-Energie aktivieren Sie durch einen Spiegel; platzieren Sie diese Dinge im entsprechenden Bereich der Wohnung.

In einer Yin-Umgebung fällt es Ihnen leichter, das Geldausgeben für sich selbst lockerer zu sehen. Also neutralisieren Sie alle scharfen Ecken und Kanten, indem Sie buschige Pflanzen vor sie stellen. Pflanzen mit hängenden Blättern, die Sie in der ganzen Wohnung deponieren, lassen das Chi generell langsamer fließen. Bequeme Möbel sind ebenfalls Yin, also sparen Sie nicht mit dicken Kissen und Polstersesseln. Essen Sie mehr Gemüse, Salat und Obst und machen Sie in der Freizeit etwas Entspannendes, etwa Tai Chi oder Yoga.

Am schwersten fällt es Ihnen, sich etwas zu gönnen, wenn Ihre Neun-Ki-Zahl im Nordwesten liegt; im darauf folgenden Jahr geht es besser – dann wandert Ihre Neun-Ki-Zahl nämlich in den Westen.

Besser nicht

Wenn Ihnen sehr viel nordwestliche Chi-Energie zufließt, gehen Sie zu ernst und zu vorsichtig mit Geld um. Schlafen Sie also nicht mit dem Kopf in diese Richtung. In der Wohnung dämmen Sie diese Energie durch Cremetöne, Glas und transparente Oberflächen ein.

Leichte Mahlzeiten und bequeme Möbel geben Ihnen mehr Yin-Energie und machen Sie nachgiebiger, wenn Sie sich selbst etwas gönnen.

Lösung

Die Unfähigkeit zu teilen zeigt, dass Ihre persönliche Chi-Energie enge Grenzen hat. Damit sie sich besser entfalten kann, sollten Sie kleine Zimmer und beengte Räume meiden. Eine mit Möbeln und Textilien – schweren Vorhängen, Tischdecken, Kissen – überladene Wohnung verhindert, dass Sie aus sich herausgehen, und erhöht die Neigung, Dinge für sich allein behalten zu wollen; also verzichten Sie möglichst auf solche Gestaltungselemente. Auch die Farben Braun, Beige und Dunkelgelb, die mit der Wahrung des Besitzstandes zu tun haben, machen das Teilen schwer.

Sorglosigkeit und Großzügigkeit entsprechen der Chi-Energie des Südens; Sie fördern sie, wenn Sie purpurfarbene Gegenstände im Süden Ihrer Wohnung platzieren und jede Menge Sonnenlicht hereinlassen. Bilder mit sonnigen Szenen können Sie zu den Gedanken anregen, die mehr Feuer-Energie in Ihrem Körper erzeugen. Den gleichen Effekt hat Kerzenlicht.

Damit Sie in Bezug auf Ihren Reichtum flexibler werden, sollten Sie sich mit mehr Wasser-Chi-Energie umgeben. Das geht am leichtesten durch ein Wasserobjekt im Osten oder Südosten Ihrer Wohnung. Im Idealfall sollte das Wasser in Bewegung sein, etwa als kleiner Wasserfall. Cremetöne, glitzernde Oberflächen und gerundete Gegenstände, die Sie in Form von Möbeln, Glasskulpturen oder Dekostoffen in die Wohnung bringen können, vermehren ebenfalls die Wasser-Chi-Energie.

Zu viel Erd- oder Metall-Chi-Energie, die dem Südwesten, Westen, Nordwesten und Nordosten entsprechen, können Ihr Problem verschärfen; achten Sie darauf, dass diese Bereiche sauber und aufgeräumt sind. Generell ist es günstig, wenn die ganze Wohnung ordentlich ist.

Probieren Sie auch, welche Wirkung es hat, wenn der Süden oder der Norden eine Zeit lang Ihre Schlaf- und Blickrichtung ist. Vielleicht hilft Ihnen das, sich leichter vom Geld zu trennen. Langfristig sind diese Richtungen allerdings nicht günstig, weil der Süden Sie zu emotional und der Norden zu einsam machen kann.

Problem

Es fällt mir sehr schwer, andere an meinem Reichtum teilhaben zu lassen. Meine Freunde halten mich für geizig, aber ich bin einfach kein Leichtfuß. Wie kann Feng Shui mir helfen?

Die hitzige, leidenschaftliche Chi-Energie des Südens macht sorgloser; purpurfarbene Gegenstände im Süden der Wohnung verstärken sie.

Problem

Ich bin so zwanghaft damit beschäftigt, neue Chancen zum Geldverdienen aufzuspüren, dass ich das Geld, das ich habe, nur selten genieße. Lässt sich das irgendwie ändern?

Lösung

Dieses zwanghafte Verhalten hat mit der Berg-Chi-Energie des Nordostens zu tun, die für Konkurrenz und harte Arbeit steht. Damit Sie das Geldverdienen lockerer sehen und das Erreichte mehr genießen, müssen Sie diese Energie einschränken und die südwestliche und die westliche Chi-Energie stärken.

Die nordöstliche Chi-Energie dämpfen Sie, wenn Sie in dieser Richtung mehr Yin- und mehr Metall-Elemente unterbringen – diese beruhigen das dem Nordosten zugeordnete Element Erde. Auch die Farben Rosa und Hellgrau, runde Gegenstände (Silberschalen, Münzen) oder ein Porzellanschälchen mit Meersalz tragen dazu bei. Schlafen Sie nicht mit dem Kopf nach Nordosten, und sehen Sie auch bei der Arbeit nicht in diese Richtung.

Wenn der Haupteingang von Wohnung oder Büro sich im Nordosten befindet, fließt die entsprechende Energie Ihnen überreichlich ins Haus. Ich kann Ihnen empfehlen, ein Windspiel aus Metall oder buschige Pflanzen vor der Tür zu installieren, um diese für Sie schädliche Energie zu bremsen.

Die südwestliche Chi-Energie regt Sie dazu an, mehr aus dem zu machen, was Sie schon haben, die westliche Energie macht zufriedener und genussorientierter. Sie nehmen diese Energien auf, wenn Ihr Kopf beim Schlafen in eine dieser Richtungen zeigt oder Sie beim Arbeiten in diese Richtung blicken.

Zwanghaftes Verhalten ist symptomatisch für zu viel Yang. Wenn das Chi um Sie herum zu schnell fließt, entsteht eine Yang-Atmosphäre; Yin-Farben wie Cremetöne, Rosa, Blassgrün und Hellblau sowie buschige Pflanzen vor scharfen Kanten und in langen Fluren verlangsamen den Chi-Fluss.

Wenn die Ecke eines Nachbargebäudes auf Ihr Haus oder Ihre Wohnung zeigt, ist ein negatives, schneidendes Chi auf Sie gerichtet. Abhilfe schaffen Bäume und Sträucher zwischen den Gebäuden; oder bringen Sie einen kleinen konvexen Spiegel oder eine glänzende Metallscheibe außen an Ihrer Wohnung so an, dass sie auf die attackierende Ecke zeigen.

Problem

Ich verdiene ziemlich gut und habe deshalb Schuldgefühle. Ich versuche oft, meinen Reichtum herunterzuspielen und ihn vor anderen zu verbergen. In Gesellschaft anderer ist mir unbehaglich, weil ich denke, sie wären neidisch. Was raten Sie mir?

Lösung

Ich empfehle Ihnen unter anderem mehr östliche Chi-Energie. Sie macht selbstbewusster, sodass Sie sich wegen Ihres Einkommens nicht mehr unwohl fühlen. Mehr feurige, leuchtende Chi-Energie des Südens macht Sie stolz auf Ihren Verdienst, und mehr nördliche Chi-Energie fördert eine objektivere Einstellung zu Reichtum.

Sie mobilisieren diese Energien durch eine Schale mit frischem Wasser im Osten, Kerzenlicht im Süden und rote Bänder oder ein metallenes, häufig erklingendes Windspiel im Norden – oder indem Sie Ihr Bett so stellen, dass Ihr Kopf beim Schlafen in eine dieser Richtungen zeigt.

Ihre Einstellung zu Geld ändern Sie auch durch mehr Yang, das heißt glänzende, aufgeräumte Flächen (Fußböden, Tische, Ablageflächen), eine reduzierte Möblierung und den sparsamen Einsatz von textilen Elementen. Ihre persönliche Yang-Energie stärken Sie durch schickere Kleidung, Schmuck und Accessoires in leuchtenden Farben.

Am wenigsten Schuldgefühle wegen Ihres Geldes haben Sie, wenn Ihre Neun-Ki-Zahl im Osten, Süden, Westen, Norden oder Nordosten liegt.

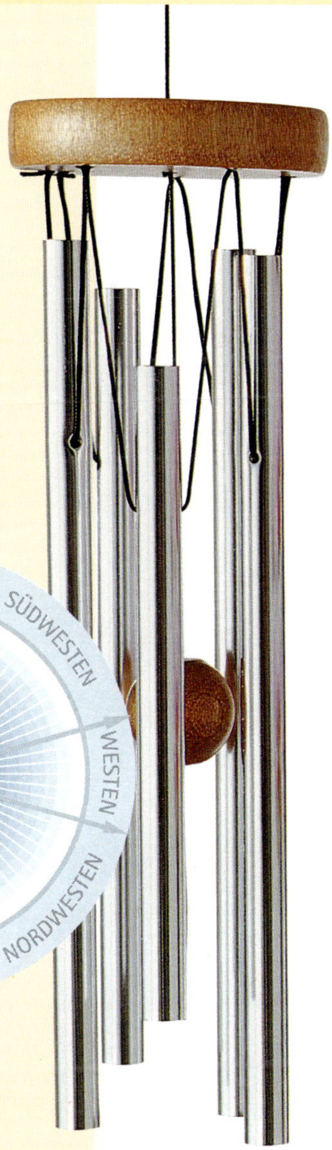

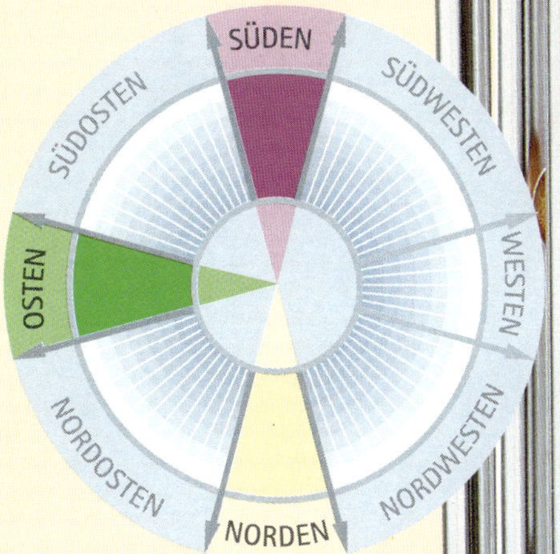

Gesunder Menschenverstand

Betrachten Sie Ihr Einkommen als Ausdruck der Wertschätzung, die andere Ihrer Leistung entgegenbringen, dann haben Sie weniger Schuldgefühle. Oder geben Sie Ihr Geld so aus, dass es auch anderen dient, etwa indem Sie biologische Produkte kaufen und so Ihren Beitrag zum Umweltschutz leisten.

Windspiele – aus Metall im Norden, aus Holz im Osten oder Süden der Wohnung – nehmen Ihnen die Schuldgefühle wegen eines hohen Einkommens.

Problem

Ich mache mir ständig – und, wie meine Freunde und meine Familie sagen, grundlos – Sorgen um Geld und um die Zukunft. Wie kann ich meine Fähigkeit, Geld zu verdienen, entspannter sehen?

Ein Wasserobjekt im Osten der Wohnung, ein Spiegel im Osten oder Südosten und leuchtende Farben im ganzen Haus stärken in Ihnen das Vertrauen, immer genug Geld verdienen zu können.

Lösung

Sorgen und Unsicherheit in puncto Finanzen zeigen, dass Sie nicht genug Vertrauen zu sich selbst oder in die Zukunft generell haben. Eine dynamische Yang-Umgebung macht Sie selbstbewusster. Eine solche Atmosphäre entsteht, wenn Sie in der Wohnung nichts herumliegen lassen, leuchtende Farben verwenden, kräftige, hohe Pflanzen mit spitzen Blättern aufstellen und im Osten oder Südosten Ihrer Wohnung Spiegel anbringen.

Ein besseres Gespür fürs Geldverdienen verschafft Ihnen die Metall-Chi-Energie des Westens. Rote Blumen, Münzen auf einem roten Deckchen in einer Metallschale, ein Spiegel oder generell die Farbe Rot, alles im Westen Ihrer Wohnung, aktivieren diese Energie.

Die nördliche Chi-Energie kann Ihnen das Gefühl vermitteln, dass das Geld Ihnen leichter zufließt. Intensivieren Sie sie durch einen Kristall an einem Fenster im Norden, ein metallenes Windspiel über einer Tür im Norden oder eine Efeupflanze im Norden der Wohnung; diese Maßnahmen helfen Ihnen auch, Ihre Ziele zu erreichen.

Die östliche Chi-Energie hat mit dem Selbstvertrauen zu tun und kann Unsicherheiten in Bezug auf das Geldverdienen überwinden helfen. Ein Wasserobjekt, hohe Zimmerpflanzen oder leuchtende Grüntöne im Osten von Wohnung oder Büro stärken diese Energie.

Platzieren Sie außerdem überall im Haus Fotos oder Dinge, die Sie an Ihre vergangenen Triumphe erinnern – ihr Anblick lässt in Ihnen die beruhigende Zuversicht wachsen, dass Sie auch in Zukunft erfolgreich sein werden.

Beziehungen

3

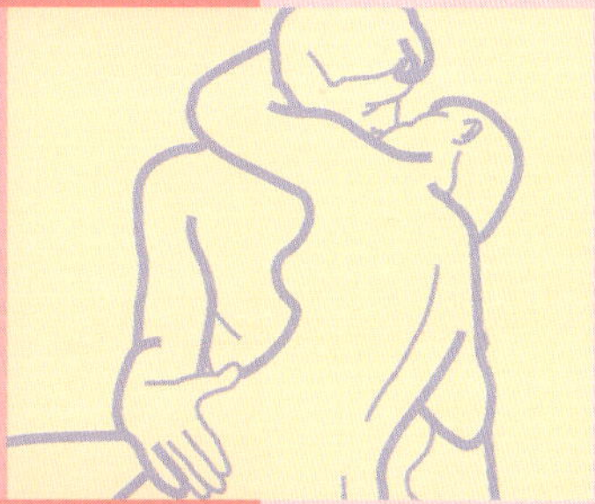

Freundschaften

Problem

Ich bin nicht besonders extravertiert und viel allein. Oft fühle ich mich deshalb auch einsam. Welche Feng-Shui-Maßnahmen könnten das ändern?

Lösung

Dieses Problem zeigt, dass Ihre Chi-Energie an der Oberfläche zu still ist, sodass Ihnen der Antrieb fehlt, neue Menschen kennen zu lernen. Aufgeschlossener werden Sie durch mehr feurige Yang-Energie. Sie hängt mit dem Süden und der Mittagssonne zusammen; die Feng-Shui-Maßnahmen sollten sich deshalb auf den südlichen Bereich Ihrer Wohnung konzentrieren. Natürliches Sonnenlicht regt Leidenschaft und Geselligkeit an; wenn Ihre Wohnung im Süden nicht viele Fenster hat, sollten Sie dort helle Deckenstrahler anbringen. Oder zünden Sie eine Zeit lang dort täglich Kerzen an.

Generell stärken Sie die gesellige Energie des Südens, Südwestens und Nordostens, wenn Blumen, Stoffe und andere Gegenstände die Farbe Purpur haben. Die südwestliche Chi-Energie begünstigt langfristige Freundschaften, die nordöstliche sorgt allgemein dafür, dass Sie mehr aus sich herausgehen.

Leuchtende Farben wie Rot, Gelb und Purpur stärken die Yang-Atmosphäre in Ihrer Wohnung. Pflanzen mit spitzen Blättern, etwa Yuccapalmen, tragen zu einer Feuer-Atmosphäre bei.

Zu viel nördliche Chi-Energie erhöht das Risiko, dass Sie sich isoliert und einsam fühlen, denn sie entspricht der Nacht und dem Winter, das heißt Stille und Ruhe. Wenn der Haupteingang oder die Vorderseite Ihrer Wohnung im Norden liegen, fließt diese Energie Ihnen vermehrt zu. Streichen Sie in diesem Fall die Eingangstür rot, damit Sie zum Ausgleich eine kräftige Yang-Farbe haben.

Zur Aufnahme der Chi-Energien, die es Ihnen erleichtern, Menschen kennen zu lernen und Freundschaften zu schließen, eignen sich mehrere Schlafrichtungen. Der Südosten unterstützt Kommunikation, Phantasie und ein harmonisches Zusammensein. Der Süden macht mitteilsam, extravertiert und gesellig. Der Südwesten fördert Intimität und lange, enge Freundschaften.

Es fällt Ihnen leichter, aus sich herauszugehen, wenn Ihre Neun-Ki-Zahl im Süden liegt. Auch der Nordosten, der Südosten und der Südwesten sind günstig.

Problem

Ich möchte einen Freund zu mir zum Essen einladen, um einen größeren Streit zu beenden. Welche Atmosphäre wäre dafür ideal?

Lösung

Die beständige Chi-Energie des Südwestens ist günstig, um sich wieder zu vertragen und ein Gefühl von Nähe herzustellen. Auch eine Yin-Umgebung ist vorteilhaft, weil sie die Gefahr einer erneuten Konfrontation verringert und dazu beiträgt, dass Sie entspannt und friedlich sind.

Da Sie zusammen essen wollen, sollten die Maßnahmen sich auf das Esszimmer konzentrieren. Dort aktivieren Sie die südwestliche Chi-Energie durch die Farbe Gelb, etwa in Form von Blumen. Sparen Sie nicht mit textilen Gestaltungselementen wie Tischdecken und Teppichen und stellen Sie viele üppige Pflanzen auf, zum Beispiel Begonien.

Setzen Sie sich vor dem Essen zum Begrüßungsgespräch auf niedrige Sessel. Sie stärken Ihre Yin-Energie und helfen Ihnen, relaxt zu bleiben und nicht auf Konfrontation aus zu sein. Am Esstisch sollten Sie dann mit Blick nach Südwesten sitzen oder auch nach Westen oder Südosten. Wenn Ihr Freund Ihnen gegenübersitzt, ist das vielleicht zu konfliktträchtig; deshalb schlage ich vor, dass Sie im rechten Winkel zueinander sitzen. Vermeiden Sie es, dass einer von Ihnen mit Blick nach Süden oder Nordosten sitzt – es würde die Chancen für eine Auseinandersetzung erhöhen.

Vorstehende Kanten, die auf Sie gerichtet sind, führen Ihnen ein schnell fließendes, unruhiges Chi zu; mit Pflanzen oder Stoffen vor der Kante lenken Sie es ab. Achten Sie auch darauf, dass Sie und Ihr Freund nicht in der Nähe einer Tür oder zwischen einer Tür und einem Fenster sitzen – es würde Unsicherheitsgefühle verstärken. Besser ist es, wenn der Blick in den Raum hinein geht und im Idealfall auch Türen und Fenster umfasst.

Ihr Esszimmer bekommt mehr Yin-Qualität, wenn Sie scharfe Kanten, harte Oberflächen und Spiegel durch buschige Pflanzen kompensieren. Solche Pflanzen unterbrechen auch gerade Linien, die die Chi-Energie beschleunigen und in den Yang-Bereich drücken. Pastellfarben, Kerzen und Tischlampen an Stelle einer Deckenlampe machen die Atmosphäre weicher und Yin-betonter.

Es kann schwerer sein, sich wieder zu vertragen, wenn die Neun-Ki-Zahl von Ihnen oder Ihrem Freund im Süden liegt. Aber verzweifeln Sie nicht: Im darauf folgenden Jahr wandert sie in den günstigen Norden.

Problem

Meine Dinnergäste brechen manchmal früher auf, als mir lieb ist. Wie kann Feng Shui das verhindern?

Lösung

Die Atmosphäre Ihres Esszimmers beeinflusst sehr stark, wie wohl Ihre Gäste sich fühlen und wie lange sie bleiben. Leuchtende Farben, glänzende Oberflächen und eine strenge Linienführung sind sehr Yang-betont und laden nicht zum Verweilen ein. Fastfoodrestaurants sind nach diesem Prinzip eingerichtet – es ist ideal, um Kunden anzulocken und sofort nach dem Essen vor die Tür zu befördern.

Allerdings ist, wie immer bei Yin und Yang, das Gleichgewicht wichtig. Wenn Sie zu sehr ins andere Extrem gehen und Ihr Esszimmer mit vielen Pastellfarben und reichlich Plüsch ausstatten, wird die Atmosphäre zu Yin-betont, das heißt zu entspannend: Die Gäste werden müde und schlafen ein.

Ihre Freunde bleiben länger, wenn sie um einen ovalen oder runden Tisch sitzen – es begünstigt eine lebhafte, interessante Unterhaltung. Achten Sie darauf, dass kein Gast mit dem Rücken zu einer scharfen, vorstehenden Kante sitzt – sie erzeugt ein schneidendes Chi, das es schwer macht, sich zu entspannen. Kerzen geben ein weiches Licht ab und stellen eine angenehme, gemütliche Atmosphäre her. Den gleichen positiven Effekt hat eine indirekte Beleuchtung. Funkelndes Kristall, Besteck und rote Servietten geben dem geselligen Abend auch optisch Glanz und Feuer.

Ein Wechsel des Ambientes erhöht die Chancen, dass Ihre Gäste länger bleiben; nutzen Sie deshalb möglichst mehr als einen Raum. Servieren Sie zum Beispiel Aperitifs und Knabbereien im Wohnzimmer, gehen Sie zum Essen ins Esszimmer und nehmen Sie den Kaffee dann wieder im Wohnzimmer ein. Dieses sollte möglichst Yin-betont und gemütlich sein, wozu weiche, bequeme Sessel, große Kissen und ein Kaminfeuer beitragen. Halten Sie die Türen geschlossen, das macht die Atmosphäre noch behaglicher. Ein solches Yin-Wohnzimmer bildet den Ausgleich zur eher dynamischen Yang-Atmosphäre des Esszimmers.

Problem

Ich möchte für einen guten Freund in meiner Wohnung eine Party veranstalten. Was kann ich tun, damit sie zu einem tollen Fest wird?

Lösung

Der beste Zeitpunkt für eine fröhliche Party ist ein paar Tage vor Vollmond. Diese Phase ist stark Yang, und die Leute sind extravertierter, dynamischer und eher in der Stimmung für eine Party, sodass Sie mit mehr Gästen rechnen können.

Eine heitere Partyatmosphäre entsteht, wenn Sie in Ihrer Wohnung Platz schaffen, sodass die Chi-Energie sich frei bewegen kann. Räumen Sie die Zimmer, die Sie benutzen wollen, möglichst leer, und rücken Sie verbleibendes Mobiliar an die Wände. Ihre Gäste werden eher in Schwung kommen und tanzen, wenn genug Platz da ist und die Chi-Energie schnell fließt. Das ist am ehesten bei einem blanken Fußboden der Fall – also rollen Sie die Teppiche zusammen. Auch glänzende, reflektierende Gegenstände, etwa von der Decke hängende Metallmobiles, Spiegelbälle oder Kristalle, bringen das Chi auf Touren und schicken es in alle Richtungen. Große Spiegel lassen die Energie ebenfalls schneller fließen und vermitteln außerdem den Eindruck, als wären die Räumlichkeiten größer und die Gäste zahlreicher.

Eine anregende Atmosphäre im Hauptpartyraum erreichen Sie, wenn Sie ihn in Rot, Purpur und anderen leuchtenden Yang-Farben dekorieren; als Farbträger bieten sich Blumen, Girlanden und Glühbirnen an.

Wenn Ihre Wohnung groß genug ist, können Sie einen zweiten Raum für Gäste einrichten, die lieber miteinander reden als tanzen wollen. Dieser Raum sollte Yin-betonter sein und weiche Polstermöbel, Teppiche und Pflanzen aufweisen. Bequeme Sessel, Kissen und Kerzenlicht regen die Gäste zum Gespräch an. Eine angenehme Wärme in diesem Raum trägt zusätzlich zur Gemütlichkeit bei.

Die Farbe Purpur erzeugt eine ausgelassene Yang-Atmosphäre, die Ihre Gäste schnell zum Tanzen verlockt. Eine gemütliche Yin-Atmosphäre, in der Ihre Gäste entspannt plaudern, entsteht durch Kerzenlicht und weiche Sessel.

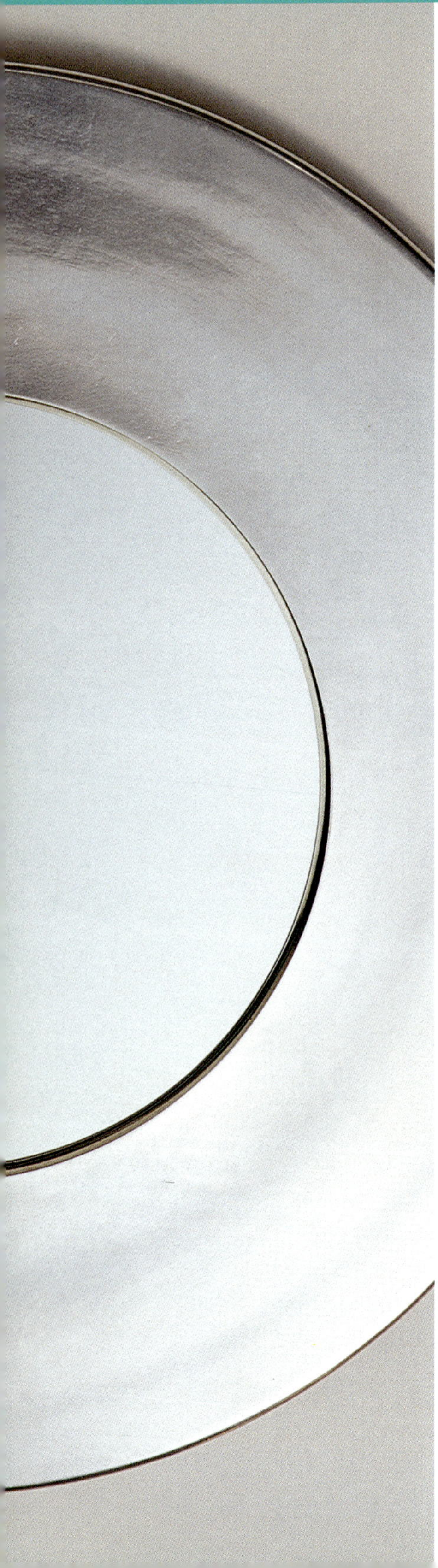

Spiegel

Spiegel beschleunigen den Chi-Fluss und erzeugen eine eher dynamische, anregende Yang-Atmosphäre. Wegen ihres Einflusses auf die Chi-Energie sind sie bei der Lösung von Problemen ein sehr nützliches Hilfsmittel. Zu viele Spiegel in einer Wohnung machen es jedoch schwer, sich zu entspannen und zur Ruhe zu kommen.

Spiegel und andere reflektierende Oberflächen wirken auf das Chi ähnlich wie auf Lichtwellen: Sie lenken es in eine andere Richtung. Deshalb sind sie besonders effektiv, um schnell fließendes Chi zu zerstreuen oder Chi in Bereiche zu lenken, in denen die Energie stagniert. Flache Spiegel sind besser, um die Energie in eine bestimmte Richtung zu lenken, während konvexe Spiegel (siehe S. 136) die Chi-Energie in viele Richtungen zerstreuen. Gegenstände aus glänzendem, reflektierendem Metall wie Türgriffe, Übertöpfe und Lampen verteilen die Energie ebenfalls in mehrere Richtungen.

Weil Spiegel das Licht reflektieren, sind sie besonders nützlich in Räumen, die nicht viel Licht bekommen, etwa weil sie im Souterrain oder Richtung Norden liegen. Spiegel – vor allem solche, die vom Fußboden bis zur Decke reichen – machen zudem kleine Räume optisch größer. Ein Raum wirkt doppelt so breit, wenn Sie an einer Längswand große Spiegel anbringen. Den gleichen Effekt erzielen Sie in langen Fluren durch versetzt angeordnete Spiegel. Der Chi-Fluss dort wird langsamer und gleichmäßiger, wenn sich den Spiegeln gegenüber Pflanzen oder Gobelins befinden.

Spiegel lassen sich auch einsetzen, um offenbar fehlende Richtungsenergien doch noch ins Haus zu holen. Wenn eine der Acht Richtungen auf einen Vorsprung oder eine verbaute Ecke fällt, etwa bei L-förmigen Wohnungen, können Sie große Spiegel vor dem Vorsprung oder verbauten Teil anbringen. Das erweckt den Eindruck, als würde der Raum sich dort noch weiter fortsetzen. Achten Sie darauf, dass die Spiegelrückseite auf eine Außenwand und nicht auf ein anderes Zimmer gerichtet ist.

Auch Form und Material des Spiegelrahmens sind wichtig: Runde Spiegel mit Metallrahmen erzeugen Yang- und Metall-Chi-Energie. Die Farbe des Rahmens hat ebenfalls eine subtile Wirkung (siehe S. 114–115).

Riskante Spiegelpositionen

Bringen Sie Spiegel nicht gegenüber von Türen oder Fenstern an, weil dadurch die hereinströmende Chi-Energie sofort wieder nach draußen gelenkt wird. Hängen Sie Spiegel auch nicht einander gegenüber, weil das Chi zwischen ihnen hin und her fließt, was Spannung erzeugt.

Auf Spiegel im Schlafzimmer sollten Sie möglichst verzichten – die von ihnen erzeugte stark Yang-lastige Atmosphäre kann den Schlaf beeinträchtigen. Wenn Sie im Schlafzimmer unbedingt einen Spiegel haben müssen, sollten Sie ihn so anbringen, dass er sich nicht gegenüber dem Bett befindet. Auf diese Weise werden die Gefühle, die Sie im Schlaf loslassen, nicht auf Sie zurückgeworfen, und Sie wachen frisch und munter auf.

Ein Spiegel in der Nähe des Eingangs zieht die Chi-Energie in die Wohnung und erleichtert ihr Zirkulieren.

Kristalle

Ähnlich wie Spiegel brechen auch klare Kristalle das Licht und verteilen die Chi-Energie. Ein runder Kristall mit vielen Fassetten, den Sie ins Fenster hängen, fängt das Sonnenlicht ein und wirft zahllose Muster in allen Regenbogenfarben auf die Wände. Jede Farbe bringt die ihr entsprechende Chi-Energie in den Raum, Grün zum Beispiel die Chi-Energie des Ostens. Kristalle sind besonders nützliche Feng-Shui-Hilfsmittel, wenn Sie die Chi-Energie der Wohnung oder eines Teils der Wohnung verstärken wollen.

Da Kristalle der Wasser-Chi-Energie zugeordnet werden, unterstützen sie Objektivität und Flexibilität. Besonders effektiv sind sie im Norden, Osten oder Südosten der Wohnung.

Mit Bind- oder Nylonfäden lassen Kristalle sich leicht an der Decke oder einem Fenster aufhängen. Oder platzieren Sie Bergkristalle auf dem Fensterbrett oder einem Ecktisch.

Den idealen Partner finden

Problem

Ich bin seit einiger Zeit Single. Obwohl ich vielen Menschen begegne, habe ich den richtigen Partner noch nicht gefunden. Können Sie mir ein paar Feng-Shui-Vorschläge machen?

Lösung

Da die Liebe mit dem Westen zu tun hat, sollten Sie die Chi-Energie dieser Richtung verstärken und rote Gegenstände, etwa rote Bänder oder zwei rote Rosen, in diesem Bereich Ihrer Wohnung platzieren. Auch die Aktivierung der südlichen und der südwestlichen Chi-Energien ist sinnvoll, weil sie Optimismus bzw. Intimität fördern. Stellen Sie dazu eine Schale mit frischem, sauberem Wasser, das Sie täglich erneuern, in den Südosten Ihrer Wohnung und eine gelb blühende Pflanze in den Südwesten. Beide Energien fließen Ihnen auch vermehrt zu, wenn Ihr Kopf beim Schlafen in eine dieser Richtungen zeigt.

Damit Sie sich bei der Suche nach dem Richtigen nicht verzetteln, sollten Sie die Eigenschaften Ihres Wunschpartners auf ein Stück Papier schreiben und diese Liste an einem ausgesuchten Ort aufbewahren, am besten im Westen Ihrer Wohnung. Außerdem können Sie eine Liste mit Ihren angenehmen Eigenschaften machen und ebenfalls im Westen unterbringen.

Einen passenden Partner ziehen Sie auch dann eher an, wenn Sie Ihre häusliche Umgebung so verändern, dass Ihre positiven Eigenschaften verstärkt und Ihre negativen abgebaut werden. Lesen Sie auf S. 53 nach, wie die Himmelsrichtungen und Eigenschaften zusammenhängen und welche Energie Sie demzufolge mehr oder weniger aufnehmen sollten. Wenn Sie beispielsweise meinen, andere würden Sie für distanziert und ernst halten, können Sie den Einfluss der nördlichen Chi-Energie dämpfen, indem Sie viele Pflanzen in den Norden Ihrer Wohnung stellen, und den Einfluss der westlichen Chi-Energie vermehren, indem Sie den Westen Ihrer Wohnung mit vielen glänzenden Metallgegenständen bestücken.

Um eine beziehungsfördernde persönliche Chi-Energie aufzubauen, sollten Sie in der ganzen Wohnung Paare dekorativer Gegenstände aufstellen, etwa zwei Kerzen, zwei Skulpturen oder zwei Blumen in einer Vase. Hängen Sie außerdem Bilder von glücklich verliebten Paaren auf.

Am leichtesten finden Sie den Richtigen, wenn Ihre Neun-Ki-Zahl im Westen oder Südosten liegt.

Mehr der Liebe förderliche Chi-Energie nehmen Sie auf, wenn Sie Gegenstände in Rot, etwa rote Rosen, und eine Liste mit den Eigenschaften Ihres Wunschpartners im Westen Ihrer Wohnung platzieren.

- 2 rote Rosen
im Westen
(oder rote Bäume.)

- täglich Schale
mit fr. Wasser in
SO d. Whg.

- gelbblühende Pflanze
in SW

Erf. d. Wunschpartner
mit Zettel

mi Ostern alle Weg.
+ eig. Eig.

mi ganzer Weg.
Paare allesamt.

zu Kerze.
zu. Skulp.
od. 2 Blum.

Bilder v. Gleich d. verschoben.

Nov k.2. Ereu 4 / Ereu / 2006 4.m Nr

Problem

Ich habe sehr hohe Ansprüche an eine Beziehung. Vielleicht bin ich zu romantisch, aber ich träume vom perfekten Liebhaber, und niemand kommt an dieses Ideal heran. Wie kann ich mit der Beziehung, die ich habe, zufriedener sein?

Lösung

Es ist sehr selten, dass man einen Menschen kennen lernt, der alle Erwartungen erfüllt. Es gehört zu den Herausforderungen jeder Beziehung, gemeinsam daran zu arbeiten, dass sie für beide befriedigend wird. In einer unvollkommenen Beziehung lernen Sie, sich anzupassen und Kompromisse zu schließen; die damit einhergehende Selbsterkenntnis macht Sie zu einer reiferen Persönlichkeit.

Damit Sie Ihren jetzigen Partner positiver sehen, sollten Sie mehr südöstliche Chi-Energie aufnehmen. Diese Richtung entspricht dem Morgen und dem Frühling – Phasen, die ein neues Licht auf alles werfen. Sie aktivieren diese Energie, wenn Sie im Südosten eine Schale mit frischem Wasser platzieren oder Ihr Kopf beim Schlafen in diese Richtung zeigt.

Die Energie des Westens macht zufriedener; damit in diesem Bereich Ihrer Wohnung ein gutes Chi zirkuliert, sollte er sauber und aufgeräumt sein und viele gesunde, kräftige Pflanzen aufweisen. Zwei rote Blumen in einer silberfarbenen Vase im Westen der Wohnung führen Ihnen diese Energie ebenfalls zu.

Die südwestliche Chi-Energie hilft Ihnen, sich auf die Verbesserung dessen zu konzentrieren, was Sie schon haben. Stellen Sie dazu eine gelb blühende Pflanze in einem Tontopf oder zwei Kerzen, die Sie regelmäßig anzünden, in den Südwesten der Wohnung, lassen Sie viel Licht herein und verwenden Sie generell Stoffe oder Ziergegenstände in leuchtendem Purpur oder Gelb. Paarweise aufgestellte dekorative Gegenstände stärken das Zusammengehörigkeitsgefühl und das Verständnis füreinander.

Sie erleben Ihre Beziehung eher als erfüllend, wenn Ihre Neun-Ki-Zahl im Südwesten, Westen oder Südosten liegt.

Problem

Ich habe seit einem Jahr eine Beziehung, und obwohl wir viel Spaß haben, erscheint sie mir ein bisschen oberflächlich. Wie kann Feng Shui mir bei der Entscheidung helfen, ob das der Richtige für mich ist?

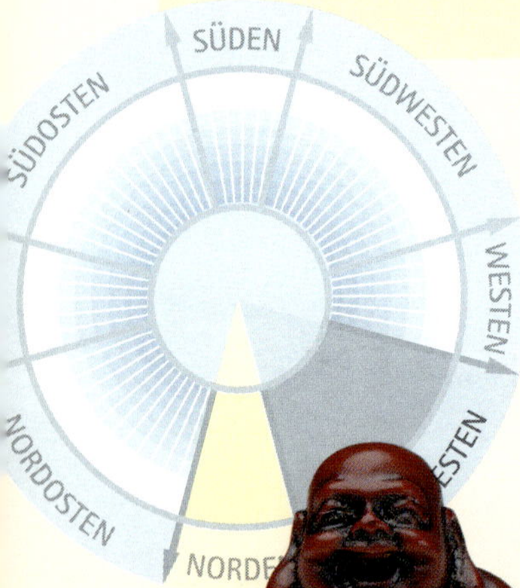

Die Figur eines lachenden Buddhas im Norden oder Nordwesten der Wohnung belebt die Chi-Energie dieser Richtungen und hilft bei wichtigen Entscheidungen.

Lösung

Vor wichtigen Entscheidungen sollten Sie immer Ihre nordwestliche Chi-Energie stärken – ihr werden der Himmel, Intuition und Weisheit zugeordnet. Auch mehr Yang ist ratsam, denn es macht entschlussfreudiger und fördert die Konzentration auf die Gegenwart.

Sie umgeben sich mit dieser günstigen Energie, wenn Sie im Nordwesten Ihrer Wohnung eine Pendeluhr mit möglichst vielen Metallteilen aufstellen. Dem Nordwesten entspricht das Element Metall; alles, was aus Metall, rund oder silberfarben ist, stärkt daher diese Energie. Es hilft auch, mit dem Kopf nach Nordwesten zu schlafen oder sich so hinzusetzen, dass der Blick in diese Richtung geht.

Eine Yang-betonte Umgebung entsteht, wenn Sie alles Unwichtige entfernen, sodass der Fußboden und andere Flächen möglichst frei sind. Misten Sie alle Regale, Schubladen und Schränke gründlich aus, das vertreibt muffige Chi-Energie und macht Platz für eine frische, junge Chi-Energie, in der es leichter fällt, die Beziehung in einem neuen Licht zu sehen.

Die Chi-Energie des Nordens begünstigt Objektivität und Distanz, die vor wichtigen Entscheidungen nötig sind. Sie stärken diese Energie durch ein Windspiel aus Metall an einer Tür im Norden oder einen Kristall an einem Fenster im Norden. Da diese Himmelsrichtung der Wasser-Chi-Energie entspricht, aktivieren Gegenstände aus Glas oder mit runden Formen sie ebenfalls.

Die nördliche und die nordwestliche Chi-Energie werden auch stärker, wenn Sie ein Symbol der Weisheit, etwa die Figur eines lachenden Buddhas, im Norden oder Nordwesten der Wohnung platzieren. Die Buddha-Figur ist am effektivsten, wenn sie sich etwa in Augenhöhe befindet.

Die Entscheidung, ob diese Beziehung für Sie die richtige ist, fällt Ihnen am leichtesten, wenn Ihre Neun-Ki-Zahl im Nordwesten liegt.

Bindungen festigen

Problem

Ich bin in meiner nicht ehelichen Lebensgemeinschaft ganz glücklich, aber mein Partner wird bei dem Gedanken an eine Heirat nervös. Wie kann Feng Shui mir helfen?

Lösung

Wenn Ihr Partner in Bezug auf eine gemeinsame Zukunft unentschlossen ist und Sie auf eine Antwort drängen, geht er unter Umständen auf Distanz, und die Beziehung geht in die Brüche. Besser wäre es, die Sache locker zu sehen und sich darauf zu konzentrieren, dass Sie sich lieben und achten.

Damit Sie an das ganze Thema entspannter herangehen, sollten Sie mehr westliche Chi-Energie aufnehmen. Der Westen entspricht der Tageszeit, in der die Sonne untergeht und Zufriedenheit sich einstellt. Kleidung in Rosa oder Rot, Metallschmuck oder andere rote oder metallene Accessoires stärken diese Energie. Werten Sie Ihren persönlichen Bereich in der Wohnung durch rosafarbene Blumen im Westen auf, und setzen Sie sich mit Blick nach Westen an Ihren Arbeitstisch.

Wenn auch Ihr Partner sich mit dem Thema »Heirat« auseinander setzen und Feng Shui ausprobieren möchte, empfiehlt sich für ihn mehr nordwestliche Chi-Energie. Sie hat mit väterlicher Weisheit und Würde zu tun und unterstützt das Vorausplanen. Diese Energie erhält Auftrieb, wenn Sie Gegenstände aus Metall, etwa eine Pendeluhr, oder generell Gegenstände in Grau, Silber oder Altweiß im Nordwesten der Wohnung unterbringen oder wenn Ihr Partner diese Farben in Form von Accessoires trägt.

Die nordwestliche Energie ist besonders vorteilhaft, wenn im Zusammenhang mit der Heiratsfrage auch das Thema »Kinder« eine Rolle spielt und der Mann der unentschlossene Partner ist. Wenn es die Frau ist, die unentschlossen scheint, rate ich zu mehr südwestlicher Chi-Energie, die der Mutter entspricht. Gelb blühende Pflanzen im Südwesten der Wohnung und gelbe Kleidung stärken diese Energie.

Auch mehr Yang kann Ihren Partner entschlussfreudiger machen: Halten Sie einen gründlichen Hausputz und achten Sie generell auf eine saubere, aufgeräumte Wohnung; das bringt frische Chi-Energie ins Haus und fördert ihr ungehindertes Zirkulieren.

Gesunder Menschenverstand

Wenn Sie eine glückliche Beziehung haben, sollten Sie sich fragen, warum Sie wollen, dass Ihr Partner sich auf eine Heirat festlegt. Wenn Sie Angst haben, dass er Sie nicht so liebt wie Sie ihn oder dass er Sie verlässt, sollten Sie sich zuerst mit Ihrer eigenen Unsicherheit auseinander setzen.

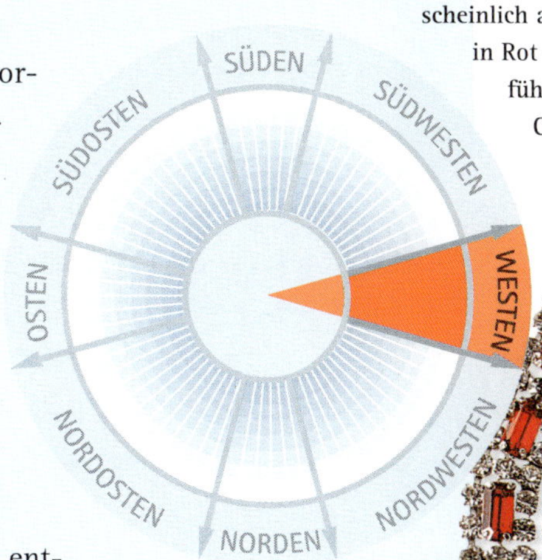

Wenn Sie mit Ihrer Beziehung zufrieden sind, ist Ihr Partner es wahrscheinlich auch. Legen Sie Schmuck in Rot oder aus Metall an, das führt Ihnen die gelassene Chi-Energie des Westens zu.

Wasserobjekte

Da 70 % des menschlichen Körpers aus Wasser bestehen, beeinflusst Wasser in der Umgebung des Körpers die persönliche Chi-Energie sehr stark; es ist deshalb ein wichtiges Hilfsmittel des Feng Shui.

Wasser lässt sich auf verschiedene Weise in Haus und Garten holen: im Freien als Wasserfall, Gartenteich oder Vogeltränke, im Haus als Zimmerbrunnen, Aquarium oder einfach als eine Schale mit frischem, sauberem Wasser an der richtigen Stelle. Viele Wasserobjekte können Sie fertig im Laden kaufen oder mithilfe einer kleinen Pumpe und ansprechend arrangierten (Kiesel-)Steinen in einem großen Gefäß selbst herstellen.

Yin oder Yang?

Je nach ihrer Art können Wasserobjekte ihrem Umfeld mehr Yin- oder mehr Yang-Energie geben. Objekte, bei denen das Wasser schnell fließt, etwa bei einem Zimmerbrunnen, stärken das Yang. Den gleichen Effekt haben flinke Fische in einem Aquarium. Wasserobjekte mit unbewegtem oder langsam fließendem Wasser erzeugen die eher beruhigende Yin-Energie.

Objekte mit schnell fließendem Wasser haben zwei praktische Vorteile. Erstens bindet das Wasser Staub und andere Partikel, sodass die Luft in seiner Umgebung frisch und sauber bleibt. Zweitens erzeugt fließendes Wasser einen als »weißes Rauschen« bezeichneten Mehrfrequenzton. Er überdeckt andere Geräusche wie zum Beispiel das nervige Hintergrundrauschen in Großraumbüros oder an Hauptverkehrsstraßen.

Beruhigende Yin-Energie entsteht durch langsam sich bewegendes Wasser, beispielsweise ein dünnes Rinnsal, das sacht über einen Stein plätschert. Auch Fische, die langsam durchs Aquarium ziehen, etwa Goldfische, produzieren Yin-Energie. Statten Sie ein Aquarium möglichst mit echten Muschelschalen und (Kiesel-)Steinen (und nicht mit Plastikimitationen) aus und geben

Wasserobjekte mit viel Kontakt zur Luft sind besonders günstig, weil die Luft das Wasser mit Sauerstoff versorgt, sodass es frisch bleibt. Springbrunnen und Wasserfälle haben einen ähnlichen Effekt.

Sie auch ein paar Pflanzen hinein. Das verhindert, dass das Wasser stagniert oder grün wird.

Wasserobjekte platzieren

Im Idealfall befinden Wasserobjekte sich im Osten oder Südosten der Wohnung, weil die Wasser-Energie dann die Holz-Chi-Energie dieser beiden Richtungen stärkt. Da die östliche Chi-Energie mit Ehrgeiz, Selbstvertrauen und Aktivität zu tun hat, bringt Wasser in diesem Bereich diese Eigenschaften zum Vorschein. Wasserobjekte im Südosten stärken die Chi-Energie, die mit Kommunikation, Kreativität und neuen Ideen zusammenhängt; sie trägt dazu bei, dass es in Ihrem Leben vorwärts geht.

Wenn das Wasserobjekt in der Nähe eines Fensters steht und von der Morgensonne beschienen wird, lädt es sich energetisch noch stärker auf und nimmt vermehrt eine Yang-Qualität an. Da die Sonne frühmorgens noch niedrig steht, kann ein Wasserobjekt im Osten auch in einiger Entfernung vom Fenster direktes Sonnenlicht bekommen.

Bei mir steht eine Schale mit frischem, sauberem Wasser 7 m von einem Ostfenster entfernt, aber wenn ich an sonnigen Tagen aufstehe, ist das Wasser trotzdem in Licht gebadet. Diese Maßnahme hat mich selbstsicherer und ehrgeiziger gemacht, sodass ich meine Tätigkeit ausweiten konnte.

Achten Sie bei allen Wasserobjekten darauf, dass das Wasser stets sauber und schadstofffrei ist. Stagnierendes Wasser in Ihrer Wohnung oder Ihrer Umgebung beeinflusst die Chi-Energie des Körpers negativ. Wasser lässt sich am einfachsten erneuern, wenn Sie ein paar Becher voll herausschöpfen und sauberes Wasser nachfüllen. Alternativ können Sie eine Schale mit frischem Wasser an einen günstigen Platz stellen und das Wasser jeden Morgen auswechseln.

Unbewegtes Wasser, etwa frisches Wasser in einer durchsichtigen Schale, bekommt durch Sonnenstrahlen mehr Yang-Energie.

Ein Aquarium mit schnell schwimmenden Fischen erzeugt mehr Yang-Energie. Träge Fische produzieren mehr Yin.

Sexuelle Probleme lösen

Problem

Mir macht Sex nicht so oft Spaß wie meinem Partner. Je frustrierter er wird, desto mehr bedrängt er mich, und desto mehr ziehe ich mich zurück. Wie kann Feng Shui mir helfen, diesen Kreislauf zu durchbrechen?

Lösung

Da Sex am ehesten im Schlafzimmer stattfindet, sollten Sie Ihre Anstrengungen auf diesen Bereich Ihrer Wohnung konzentrieren. Im Idealfall regt die Chi-Energie dort Sie und Ihren Partner zu Zärtlichkeiten an. Damit Sie beide die Chi-Energie aufnehmen, die mit Lust und Liebe zu tun hat, sollte der Kopfteil Ihres Bettes nach Westen zeigen. Auch der Norden, der mit der Sexualenergie zu tun hat, ist günstig.

Die mit Sex, Leidenschaft und Romantik zusammenhängenden Chi-Energien regen Sie durch die Cremefarben, Purpur, Rot oder Rosa an. Kaufen Sie Bettwäsche aus reiner Baumwolle, Leinen oder Seide in diesen Farben und wechseln Sie sie oft, damit das Chi nicht stagniert. Auch Blumen bringen diese Farben in den Raum. Orchideen sind besonders vorteilhaft, weil sie sexuell anregend wirken.

Kerzen geben ein intimeres Licht als Glühbirnen und sind für das Schlafzimmer nur zu empfehlen. Paarweise angeordnete Kerzen oder andere paarige Gegenstände, etwa harmonierende Vasen, symbolisieren Zusammengehörigkeit und verstärken das Gefühl der Nähe.

Wenn die Chi-Energie in Ihrem Schlafzimmer zu eingeengt ist oder scharfe Kanten schneidendes Chi erzeugen, bleibt die körperliche Liebe oft auf der Strecke. Experimentieren Sie in diesem Fall mit anderen Räumen Ihrer Wohnung.

Für die Lust auf Sex ist auch eine gesunde, ausgewogene Ernährung wichtig. Bei zu viel Obst, Wein und zuckrigen Yin-Lebensmitteln macht die Vitalität leicht schlapp, während zu viel Salz, Fleisch, Eier und andere Yang-Lebensmittel Sie zu verkrampft machen können.

Gesunder Menschenverstand

Sprechen Sie mit Ihrem Partner über die möglichen Gründe für Ihre fehlende Begeisterung. Müdigkeit, Stress, Depressivität, Lethargie oder ein schwaches Selbstbewusstsein können die Libido drosseln. Wenn Ihr Partner entspannter an die Sache herangeht, haben Sie mehr Raum, sich zu entfalten. Arbeiten Sie gemeinsam mit Ihrem Partner an einer Lösung.

Problem

Ich habe jemanden kennen gelernt, der ideal für mich ist, außer dass unser Sexualleben nicht besonders aufregend ist. Welche Feng-Shui-Maßnahmen würden meinen Partner dazu anregen, im Bett mutiger zu sein?

Lösung

Wenn Ihr Partner zu Yang-betont ist, ist er ernst und angespannt, was lustvollen Sex nicht gerade begünstigt. Wenn er zu Yin-betont ist, fehlt ihm vielleicht die Energie, aktiv zu werden und etwas Aufregendes zu tun. In jedem Fall sollten Sie ihm helfen, seine Chi-Energie ins Gleichgewicht zu bringen.

Einen stark Yang-lastigen Partner müssen Sie mit mehr Yin umgeben: Verwenden Sie im Schlafzimmer die Farben Creme oder Blassrosa, zünden Sie dort Kerzen an und stellen Sie cremefarbene Blumen auf. Yang-Lebensmittel – Fleisch, Eier, Salz – sollten für Ihren Partner eher tabu sein. Yang-Persönlichkeiten fällt es oft leichter, sich zu entspannen, wenn sie ein Glas Alkohol trinken, aber als Dauerlösung empfehle ich das nicht.

Wenn Ihr Partner Yin-lastig ist, sollten Yang-Mahlzeiten auf dem Speiseplan stehen: Meeresfrüchte, Wurzelgemüse und Getreide bauen die Libido auf. Das Schlafzimmer erhält mehr Yang-Energie, wenn es über viel freie Fläche verfügt. Stellen Sie Dekoratives aus Metall, Stein oder Glas auf und nehmen Sie die Teppiche vom Holzfußboden. Leuchtende Farben, besonders Rot-, Orange- und Purpurtöne, erzeugen mehr Yang und bieten sich zum Beispiel für die Bettwäsche an. Denken Sie aber daran, dass ein Yang-betontes Schlafzimmer das Einschlafen erschwert. Wenn einer von Ihnen einen leichten Schlaf hat, wäre es unter Umständen günstig, den Sex in andere Räume zu verlegen.

Schaffen Sie mit Kerzenlicht und Pastellfarben eine Yin-Atmosphäre, wenn Ihr Partner zu Yang-betont ist. Sie regt zu mehr Phantasie beim Sex an. Wenn Ihr Partner zu Yin-betont ist, müssen Sie seine Yang-Energie fördern: Stellen Sie Dekoratives aus Stein auf und sorgen Sie für leckere Gerichte mit Meeresfrüchten, das stärkt die Libido.

Problem

Ich habe eine feste Beziehung, aber vor kurzem bin ich knapp an einer Affäre mit jemandem vorbeigeschlittert, den ich von der Arbeit kenne. Mein Widerstand gegen die Versuchung ist gering. Wie kann Feng Shui das ändern?

Lösung

Zu den Problemen jeder Beziehung gehört, dass sie nach einer Weile selbstverständlich wird. Dann kann Frustration entstehen und dazu verleiten, mit einem aufmerksamen, anderen Menschen, der um Sie wirbt, eine Affäre anzufangen. Damit es dazu nicht kommt, sollten Sie die Qualität der bestehenden Beziehung verbessern.

Sie fühlen sich Ihrem Partner wieder mehr verbunden, wenn Sie die Chi-Energie des Südwestens stärker ins Spiel bringen: Platzieren Sie gelbe Blumen in einer Terrakottavase oder Holzkohle auf einem Tontellerchen im Südwesten der Wohnung. Gut sichtbar angebrachte Familienfotos in diesem Bereich beleben das Gefühl der Nähe. Vor allem wenn Sie Mutter sind, sollten Sie auch mit dem Kopf Richtung Südwesten schlafen.

Affären verlieren ihre Attraktivität, wenn Sie im Südwesten Ihrer Wohnung Familienfotos aus glücklichen Zeiten aufhängen.

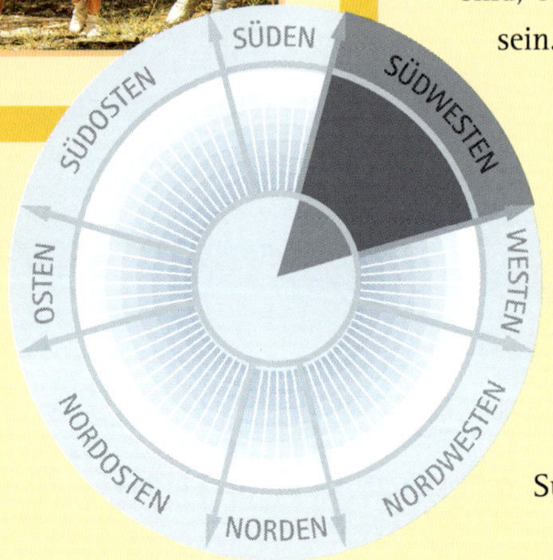

Die Verliebtheit der ersten Zeit Ihrer Beziehung reaktivieren Sie durch mehr westliche Chi-Energie: Dekorieren Sie den Westen Ihrer Wohnung mit Blumen oder Ziergegenständen in Rot oder Rosa und hängen Sie dort romantische Bilder auf.

Damit Sie Ihre gegenwärtige Beziehung positiver sehen, muss mehr südöstliche Chi-Energie her: Platzieren Sie eine Schale mit frischem, sauberem Wasser, eine hohe Pflanze oder einen Spiegel im Südosten der Wohnung. Vor allem wenn Sie Vater sind, sollte der Südosten auch Ihre Schlafrichtung sein.

Wenn Sie meinen, mehr Selbstdisziplin würde Ihnen helfen, einer Affäre aus dem Weg zu gehen, sollten Sie die Chi-Energie des Nordwestens stärken, indem Sie in diesem Teil Ihrer Wohnung eine Metalluhr anbringen.

Am anfälligsten für eine Affäre sind Sie, wenn Ihre Neun-Ki-Zahl im Westen, Südosten oder Süden liegt.

Problem

Der Sex in meiner langjährigen Beziehung ist langweilig und lästig geworden. Was kann ich tun, damit es wieder so leidenschaftlich und aufregend wird wie früher?

Lösung

Nehmen Sie mehr nördliche und westliche Chi-Energie auf. Der Norden hängt mit der Nacht und dem Winter zusammen, die für Liebe und Empfängnis günstig sind. Auch das Element Wasser wird ihm zugeordnet, dessen urwüchsige Kraft Ihnen und Ihrem Partner die starke, triebhafte Lust aneinander zurückgibt.

Der Westen entspricht dem Ende des Tages und dem Sonnenuntergang, Zeiten also, in denen traditionell die Romanzen blühen. Mit der vermehrten nördlichen und westlichen Chi-Energie ist es dann leichter, konventionelle Stimulanzien – Sexbücher, -spielzeuge, -spiele oder -videos – zu verwenden.

Sie nehmen mehr nördliche Chi-Energie auf, wenn Sie im Schlafzimmer mit Cremetönen nicht sparen. Verwenden Sie entsprechende Bettwäsche und stellen Sie im Norden eine Glasvase mit cremefarbenen Callas oder Orchideen auf.

Wenn Sie das Geräusch von fließendem Wasser mögen, können Sie einen kleinen Zimmerbrunnen oder ein anderes bewegtes Wasserobjekt im Osten oder Südosten des Schlafzimmers aufbauen – es stärkt die Holz-Chi-Energie, die zu mehr Aktivität anregt. Direkter nehmen Sie und Ihr Partner die nördliche Energie auf, wenn Sie beide im Norden der Wohnung oder mit dem Kopf Richtung Norden schlafen.

Rote oder rosafarbene Blumen im Westen Ihres Schlafzimmers oder ein paar Tupfer Rot oder Rosa in Ihrer Kleidung helfen der romantischen westlichen Chi-Energie auf die Sprünge.

Leidenschaftlicher wird die Atmosphäre durch purpurfarbene Gegenstände, etwa Blumen oder Kerzen, im Süden Ihres Schlafzimmers; wenn Sie im Süden eine Kerze anzünden, wird diese lustvolle Energie noch stärker. Erotische Bilder, Fotos und Skulpturen, die Sie hier und da in der Wohnung platzieren, wirken ebenfalls sexuell anregend.

Es fällt Ihnen am leichtesten, Ihr Sexualleben aufregender und erfüllender zu machen, wenn Ihre Neun-Ki-Zahl im Westen, Norden oder Süden liegt.

Elektromagnetische Felder (EMF)

Viele Hilfsmittel des Feng Shui sind simple Dinge, die Sie in der richtigen Himmelsrichtung in Ihrer Wohnung platzieren. Wichtigstes Ziel ist dabei immer, den Fluss eines positiven, gesunden Chi in Ihrer Wohnung zu fördern. Das unterstützen Sie auch dadurch, dass Sie schädliche Strahlungen möglichst reduzieren; bei gesundheitlichen Beschwerden und wirren Gedanken und Gefühlen ist dies eine sehr empfehlenswerte Maßnahme.

Alles, was Strom verbraucht oder leitet, erzeugt ein elektromagnetisches Feld (EMF): Computer, Fernseher, Fotokopierer, Faxgeräte, elektrische Heizdecken und -geräte, Mobiltelefone, Mikrowellenherde, Wasserkocher und Haartrockner. Diese EMF beeinträchtigen die in einem Raum vorhandene Chi-Energie und damit Ihr persönliches Chi. Neuere Forschungen an der Universität Montpellier in Frankreich deuten auch darauf hin, dass EMF das Risiko für Ermüdungserscheinungen, Augen-, Kopf- und Rückenschmerzen, Konzentrationsstörungen, Reizbarkeit und Krebs erhöhen.

Den Einfluss der EMF reduzieren

Stellen Sie vor einem Umzug sicher, dass sich keine elektrischen Umspannanlagen, Hochspannungsleitungen, Stromleitungen über Eisen- oder Straßenbahnlinien oder mit Starkstrom arbeitende Industrieanlagen in der Nähe befinden. Gegen diese EMF können Sie ziemlich wenig tun, und je näher sie Ihnen sind, desto größer ist die von ihnen ausgehende Gefahr. EMF in der Wohnung vermeiden Sie am ehesten, wenn Sie Elektrogeräte nur einschalten, wenn Sie sie wirklich brauchen. Denn je mehr Strom Sie verwenden und je näher Sie der Stromquelle sind, desto größer ist das Risiko, dass Sie sich in einem EMF befinden. Ziehen Sie bei Elektrogeräten,

Forschungen am Geobiologischen Forschungsinstitut in Chardonne/ Schweiz haben ergeben, dass Kopfschmerzen und Ermüdungserscheinungen bei Wall-Street-Beschäftigten am stärksten durch Kakteen, Callas und Farne zurückgingen.

die nicht in Gebrauch sind, den Stecker aus der Steckdose, damit der Stromfluss schon dort unterbrochen wird.

Halten Sie bei Computern oder Fernsehern einen angemessenen Abstand ein. Man nimmt an, dass die schädlichsten EMF 75 cm über die Vorder- und 100 cm über die Rückseite eines Computers oder Fernsehers hinausreichen. Die stärksten EMF erzeugt oft der Transformator; bei Geräten mit externem Transformator wie etwa Laptops sollten Sie den Transformator möglichst weit weg von sich deponieren; der Bildschirm kann sich näher bei Ihnen befinden.

Genauso wie Pflanzen neutralisieren auch frische Luft und natürliches Licht die Auswirkungen von EMF. Achten Sie darauf, dass diese positiven Elemente in Wohnung und Büro nicht zu kurz kommen.

Zu den Feng-Shui-Hilfsmitteln gegen die schädlichen Auswirkungen von EMF gehören gesunde Grünpflanzen. Die von ihnen erzeugte natürliche Chi-Energie trägt dazu bei, die Strahlung zu neutralisieren. In Zimmern, in denen ein Fernseher oder Computer steht, sollten Sie deshalb möglichst viele Pflanzen aufstellen. Auch Schnittblumen erzeugen eine gesunde Chi-Energie; stellen Sie sie neben Radios oder Musikanlagen in Küche und Schlafzimmer.

Am stärksten EMF-gefährdet sind Sie, während Sie schlafen, denn dann liegen Sie lange Zeit passiv an einer Stelle. Das Risiko lässt sich minimieren, wenn Sie Elektrowecker, Radios, sonstige Elektrogeräte und Steckdosen möglichst weit vom Bett entfernt installieren. Verwenden Sie Bettwäsche aus 100 % Baumwolle – sie lädt sich nicht statisch auf. Kleidung und Dekostoffe aus Naturfasern umgeben Sie generell mit gesundem, natürlichem Chi; das Gleiche bewirken frische Luft und natürliches Licht – also machen Sie häufig die Fenster auf.

Wahrscheinlich ist auch Ihr Büro mit vielen Geräten bestückt, die EMF erzeugen; richten Sie deshalb Ihren Arbeitsplatz so ein, dass Elektrogeräte sich möglichst weit weg von Ihnen befinden. Eine Computertastatur gibt kein starkes EMF ab und kann näher bei Ihnen sein.

Ein normaler Kompass zeigt Ihnen, wo sich ein EMF befindet. Gehen Sie mit dem Kompass auf ein Elektrogerät zu. Wenn die Nadel die Richtung ändert, weist dies auf eine EMF-bedingte Störung im Magnetfeld der Erde hin.

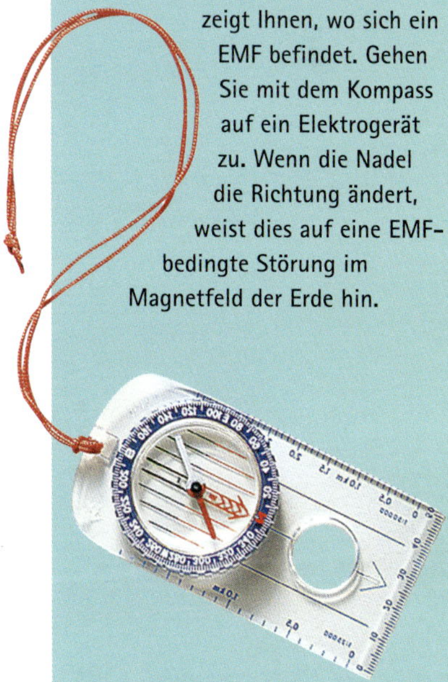

Allgemeine Probleme lösen

Problem

Mein Mann und ich haben zu Hause ziemlich viel Streit. Welche Feng-Shui-Maßnahmen könnten uns helfen?

Eine Wohnung mit vielen pastellfarbenen Dekostoffen und Holzmöbeln strahlt eine beruhigende Yin-Atmosphäre aus, in der Streit kaum eine Chance hat.

Lösung

Wenn die Atmosphäre bei Ihnen zu Hause nicht entspannend ist, sind Sie zwangsläufig gereizt, und ein Streit liegt in der Luft. Ein beruhigenderes Umfeld entsteht durch mehr Yin.

Leuchtende Farben wie zum Beispiel Rot, Orange, Purpur und Gelb sind besonders anregende Yang-Farben; wenn sie in der Wohnung überhand nehmen, ist ein aggressives Verhalten wahrscheinlicher. Blasse Grün-, Blau- und Cremetöne sowie Pastellfarben generell stärken dagegen die Yin-Energie. Sorgen Sie für Blumen, Dekostoffe und Ziergegenstände in diesen Farben.

Mehr langsam fließende Yin-Energie entsteht auch durch Möbel aus Yin-Materialien, etwa Holz oder Korbgeflechte. Glas, Metall und Stein sind Yang-Materialien und beschleunigen den Chi-Fluss; schränken Sie sie deshalb möglichst ein.

Scharfe, vorstehende Kanten geben dem Chi ebenfalls mehr Dynamik. Wenn die Kanten auf eine Stelle gerichtet sind, an der Sie schlafen oder entspannt sitzen wollen, beeinflusst dieses vorwärts drängende Chi Ihr Energiefeld, und Sie werden reizbar und streitlustig. Abhilfe schaffen Pflanzen mit runden oder buschigen Blättern oder Dekostoffe vor diesen Kanten.

Wenn Ihr Kopf beim Schlafen Richtung Süden liegt, strömt eine sehr aktive Energie in Sie ein, die die Tendenz verstärkt, dass Sie sich über Ihren Partner ärgern und mit ihm streiten. Vorteilhaftere Schlaf- oder Sitzrichtungen sind der Westen, der Südwesten, der Nordwesten oder der Norden – sie bringen Sie mit einer friedvollen und ausgleichenden Chi-Energie in Kontakt, die nach und nach Ihre persönliche Chi-Energie beruhigt.

Wenn Ihre Eingangstür im Süden liegt, fließt mehr feurige, südliche Chi-Energie in die Wohnung hinein und bringt Spannung und Streit mit sich. Dieses Chi dämpfen Sie, wenn Sie die Tür mattschwarz, braun, blassgelb oder beige streichen. Oder stellen Sie gelbe Blumen in Tontöpfen beiderseits der Tür auf – das Element Erde, dem Ton und die Farbe Gelb zugeordnet werden, lässt die schädliche südliche Chi-Energie abfließen.

Problem

Schwerpunkt unserer Beziehung ist der Sex, und außerhalb des Schlafzimmers haben wir wenig gemeinsam. Ich mache mir allmählich Sorgen, dass unsere Beziehung keine Zukunft hat. Wie kann Feng Shui uns helfen?

Lösung

Dem Feng Shui zufolge ist zu viel Leidenschaft ein Zeichen für zu viel feurige südliche Chi-Energie. Sie entsteht unvermeidlich, wenn die Vorderfront Ihres Hauses oder der Haupteingang Richtung Süden liegt. Diese Energie lässt sich zügeln, wenn Sie die Chi-Energie des Südwestens stärken – ihr entspricht das Element Erde, das die südliche Feuerenergie zum Teil absorbiert. Die südwestliche Chi-Energie führt Ihnen auch verstärkt die Chi-Energie zu, die mit emotionaler Nähe und Familiensinn zu tun hat.

Um diese Energie zu aktivieren und die südliche Chi-Energie zu reduzieren, können Sie Tongefäße mit gelb blühenden Pflanzen im Süden und Südwesten Ihrer Wohnung platzieren. Auch im Süden deponierte Schälchen mit Holzkohle sind günstig, vor allem wenn das Haus oder der Haupteingang nach Süden ausgerichtet ist. Ziergegenstände und Dekostoffe im Süden Ihrer Wohnung in Gelb, Beige und Mattschwarz sind ebenfalls sehr vorteilhaft.

Damit Ihr Partner auch außerhalb des Schlafzimmers etwas mit Ihnen unternimmt, sollten Sie die Chi-Energie des Südostens vermehren. Sie entspricht dem Morgen und dem Frühling – Zeiten, in denen man nach draußen geht und aktiv wird. Ein Wasserobjekt und hohe Pflanzen im Südosten der Wohnung geben dieser Energie Auftrieb.

Wenn Sie das Gefühl haben, dass Sie beide die Beziehung ernster nehmen sollten, rate ich zu einer Stärkung der nordwestlichen Chi-Energie. Dazu eignen sich Dekostoffe, Möbel und Ziergegenstände in Silber, Grau und Altweiß im Nordwesten Ihrer Wohnung.

Alle genannten Energien nehmen Sie vermehrt auf, wenn Sie mit Blick in die entsprechende Richtung sitzen oder Ihr Kopf beim Schlafen in eine dieser Richtungen zeigt.

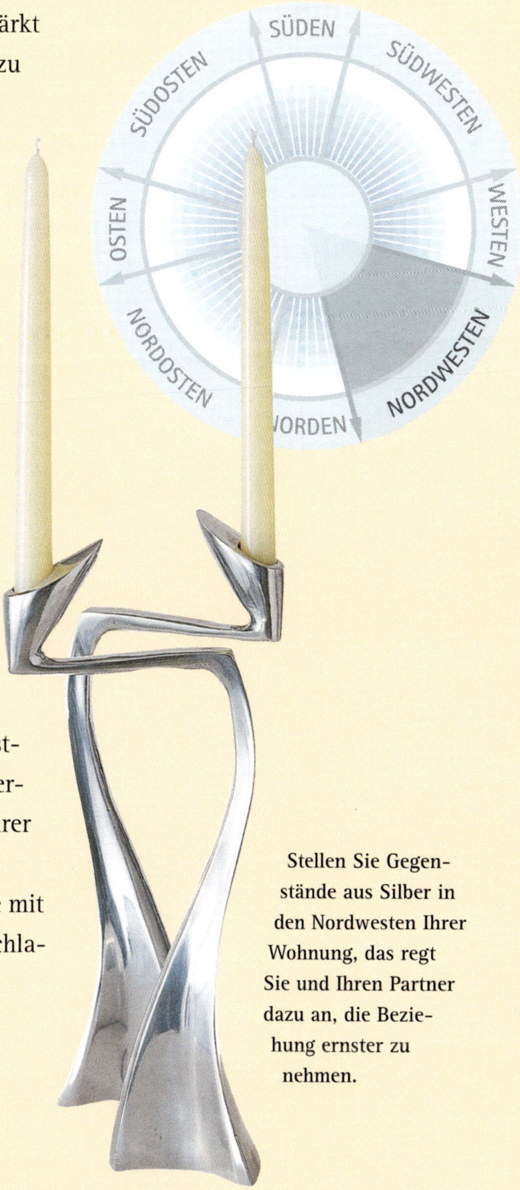

Stellen Sie Gegenstände aus Silber in den Nordwesten Ihrer Wohnung, das regt Sie und Ihren Partner dazu an, die Beziehung ernster zu nehmen.

Problem

Ich schätze Aufmerksamkeiten und Geschenke, die mir das Gefühl vermitteln, etwas Besonderes zu sein. Wie kann ich meinen Partner zu mehr Gesten dieser Art bewegen?

Lösung

Diese Gesten sind wahrscheinlicher, wenn in Ihrer Wohnung die Chi-Energie des Westens dominiert. Sie entspricht einerseits der verspielten jüngsten Tochter, andererseits dem Ende des Tages und dem Sonnenuntergang – einer Zeit also, die traditionell mit Romanzen in Verbindung gebracht wird.

In der Wohnung aktivieren Sie diese Energie durch Dekostoffe und Gegenstände in Rot oder Rosa. Da paarweise angeordnete Dinge das Zusammengehörigkeitsgefühl ansprechen, können Sie den Westen Ihrer Wohnung mit zwei roten oder rosafarbenen Rosen in einer Metallvase verschönern. Auch ein im Westen angebrachter Spiegel mobilisiert diese Energie – achten Sie aber darauf, dass seine Rückseite auf eine Außenwand gerichtet ist.

Nachts nehmen Sie beide mehr westliche Chi-Energie auf, wenn Ihr Kopf beim Schlafen in diese Richtung zeigt. Kleidung in Rosa oder Rot sowie Accessoires und Schmuck in Silber umgeben Sie ebenfalls mit dieser romantischen Energie. Platzieren Sie auch Bilder oder Skulpturen, die zärtliche Gefühle wecken, gut sichtbar in der Wohnung oder auch ein entsprechendes Gedicht. Lassen Sie gefühlvolle Musik laufen, wenn Sie sich zusammen auf dem Sofa entspannen oder zu Hause ein Candlelight-Dinner für zwei genießen. In dieser günstigen Atmosphäre werden Sie Ihrem Partner vielleicht zeigen oder sagen müssen, welche romantischen Gesten Sie besonders schätzen, denn jeder hat andere Vorlieben. Günstig wäre auch ein bisschen mehr Yin in der Wohnung; wenn diese zu Yang-betont ist, fühlt sich Ihr Partner vielleicht bedrängt. Die schnell dahinrauschende Yang-Energie, die durch lange, gerade Flure oder scharfe Kanten entsteht, können Sie ausgleichen, wenn Sie Pflanzen dorthin stellen.

Sie umgeben Ihren Partner mit romantischer Chi-Energie, wenn Sie beim Candlelight-Dinner gefühlvolle Musik laufen lassen und hier und da Bilder oder Skulpturen mit zärtlichen Szenen platzieren.

Problem

Ich fühle mich von meinem Partner oft überrannt und bin dann entweder eingeschüchtert oder verzweifelt. Ich möchte etwas mehr Macht in der Beziehung gewinnen. Wie kann Feng Shui mir dabei helfen?

Lösung

Wenn in einer Beziehung der eine Partner mehr Yin und der andere mehr Yang ist, besteht immer das Risiko, dass der Yang-betonte den Yin-betonten dominiert. Ihr Problem lässt sich daher zum Beispiel dadurch lösen, dass Sie Ihre Yang-Energie vermehren und gleichzeitig Ihren Partner mit mehr Yin-Energie umgeben.

Ich empfehle deshalb, dass Sie vermehrt leuchtende Farben, Seide, Lederaccessoires und glänzenden Metallschmuck tragen. Auch Hüte, Längsstreifen, hochhackige Schuhe und andere Bekleidungsmerkmale, die den Eindruck von mehr Körpergröße erwecken, sind günstig. Durch ein etwas förmlicheres Outfit wirken Sie imposanter und haben eher das Gefühl, die Lage zu beherrschen. Stärken Sie den Yang-Einfluss auch in Ihrem Bereich der Wohnung, indem Sie dort leuchtende Farben verwenden und auf harte, saubere und aufgeräumte Oberflächen achten.

Eine Ernährung mit viel Fisch, Wurzelgemüse und sämigen Suppen führt Ihnen ebenfalls Yang-Energie zu. Ihr Partner dagegen sollte mehr Yin-Speisen zu sich nehmen, etwa Salat, Obst und Blattgemüse; sie wirken dämpfend, genauso wie entspannende Beschäftigungen, etwa Tai Chi oder Yoga. Wenn Ihr Partner mehr zum Yin tendiert, fühlen Sie sich wahrscheinlich nicht mehr so an die Wand gedrückt.

Es fällt Ihnen leichter, mehr Macht zu gewinnen, wenn Ihre Neun-Ki-Zahl im Nordwesten, Nordosten oder Osten liegt.

Tragen Sie Metallschmuck und leuchtende Farben, das lässt Ihnen mehr Yang-Energie zufließen und stärkt Ihre Position. Regen Sie gleichzeitig Ihren Partner dazu an, mehr Salat zu essen und entspannenden Beschäftigungen nachzugehen, etwa Yoga, damit er mehr Yin-Energie aufnimmt.

Problem

Mein Partner und ich haben so ein hektisches Leben, dass wir uns kaum sehen, geschweige denn wertvolle Zeit miteinander verbringen. Haben Sie ein paar Feng-Shui-Empfehlungen für uns?

Lösung

Wenn Sie beide einen anspruchsvollen Beruf und viele gesellschaftliche Verpflichtungen haben, sollte Ihr Zuhause für Sie eine Oase sein, in der Sie sich vom Stress draußen erholen und ganz füreinander da sein können. Das geht in einer entspannenden Yin-Atmosphäre sehr viel leichter. Vermehren Sie auch die Chi-Energie des Südwestens, die sesshafter und häuslicher macht, und die des Westens, die Romantik und Zufriedenheit fördert.

Ihre Wohnung gibt Ihnen mehr Yin-Energie, wenn Sie vor scharfe Kanten buschige Pflanzen stellen. Wenn die Ecke eines Nachbargebäudes auf Ihre Wohnung zeigt, fließt ein schnelles, schneidendes Chi auf Sie zu, das der Gemütlichkeit schnell den Garaus macht. Wenn Sie einen konvexen Spiegel oder Metallgegenstand außen an Ihrer Wohnung gegenüber der attackierenden Ecke anbringen, wird dieses scharfe, schneidende Chi reflektiert.

Eine kuschelige Yin-Atmosphäre entsteht durch große Kissen und weiche, bequeme Sofas und Sessel. Auf Holz- oder Steinfußböden tragen Teppiche dazu bei, die schnell fließende Yang-Energie zu bremsen.

Nehmen Sie mehr westliche und südwestliche Energie auf; das wird Ihnen helfen, sich mehr auf Ihre Beziehung zu konzentrieren. Die Energie des Südwestens aktivieren Sie durch Tontöpfe oder -schalen, Dekostoffe aus Naturfasern sowie Ziergegenstände aus weichem Stein im Südwesten Ihrer Wohnung. Verwenden Sie dort und im Westen vorzugsweise die Farben Gelb und Mattschwarz und im Westen Rosa und Rostrot. Schlafen Sie auch mit dem Kopf in einer dieser Richtungen.

Am leichtesten fällt es Ihnen, wertvolle Zeit miteinander zu verbringen, wenn die Neun-Ki-Zahlen von Ihnen beiden den Südwesten, Westen, Norden oder Südosten besetzen.

Besser nicht

Die Chi-Energien des Nordostens und Ostens können Sie zum Workaholic machen; reduzieren Sie deren Einfluss, indem Sie nicht mit dem Kopf in diesen Richtungen schlafen und sich nicht mit Blick in sie zur Entspannung hinsetzen.

Problem

Ich bin im Zusammenleben mit meinem Partner oft angespannt, was dazu führt, dass ich an ihm herumnörgle und schnell wütend werde. Was würde mich entspannter machen?

Lösung

Diese Gefühle zeigen, dass Sie zu Yang-lastig sind. Die Feng-Shui-Lösung besteht daher darin, dass Sie Yin-betonter werden. Die scharfe, durchdringende Energie des Nordostens begünstigt Anspannung, Kritiksucht und Reizbarkeit, also reduzieren Sie sie möglichst. Eine Stärkung der westlichen und der nördlichen Chi-Energie dagegen macht Sie auch in der Beziehung entspannter.

Ihre häusliche Umgebung wird Yin-betonter, wenn Sie sie mit weichen Stoffen, Pastellfarben und Pflanzen mit hängenden Blättern ausstatten. Schlüpfen Sie in lockere, bequeme Baumwollkleidung, wenn Sie von der Arbeit nach Hause kommen, dann fühlen Sie sich gleich gelassener und zufriedener. Auch eine Yin-betonte Ernährung mit viel Gemüse und Obst und ausreichender Flüssigkeitszufuhr fördert die Entspannung; Tai Chi, Meditation und Yoga haben den gleichen beruhigenden Effekt.

Um die nordöstliche Chi-Energie zu vermindern, sollte Ihr Kopf beim Schlafen nicht in diese Richtung zeigen. Wenn die Vorderfront oder die Eingangstür Ihrer Wohnung im Nordosten liegt, wird die dadurch vermehrt hereinflutende schädliche Energie neutralisiert, wenn Sie etwas Meersalz in einem weißen Porzellanschälchen neben die Tür bzw. unter das Fenster stellen. Denken Sie an die bewährte Feng-Shui-Praxis, zum Ausgleich ein zweites Meersalzschälchen im Südwesten – der entgegengesetzten Richtung – zu platzieren.

Die romantische, lustvolle Chi-Energie des Westens stärken Sie durch rosa Blumen in einer Metallvase im Westen Ihrer Wohnung, und die friedliche, tolerante, zärtliche Chi-Energie des Nordens erhält durch im Norden platzierte cremefarbene Blumen in einer Glasvase Auftrieb. Beide Energien fließen Ihnen vermehrt zu, wenn Ihr Kopf beim Schlafen in eine dieser Richtungen zeigt.

Sie werden Ihr Problem am leichtesten lösen, wenn Ihre Neun-Ki-Zahl im Südwesten, Norden oder Westen liegt. Am schwersten fällt es Ihnen, wenn Ihre Neun-Ki-Zahl sich im Nordosten, Osten oder Süden befindet.

Die nordöstliche Chi-Energie kann angespannt und kritiksüchtig machen; beschwichtigen Sie sie durch Porzellanschälchen mit Meersalz im Nordosten und Südwesten Ihrer Wohnung.

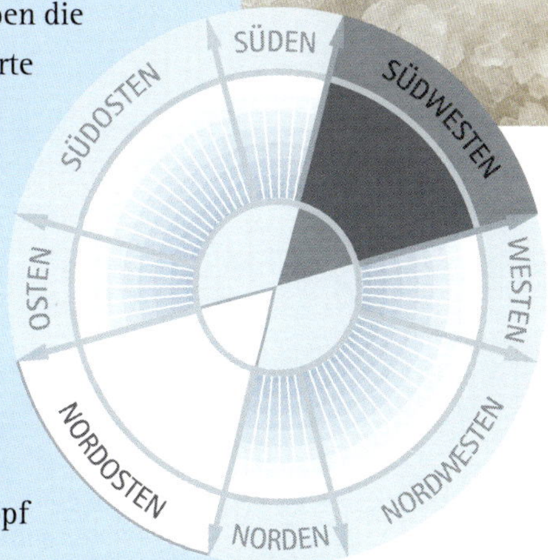

Problem

Mein Partner ist neuerdings ziemlich besitzergreifend. Ich bin kurz davor, die Beziehung zu beenden, möchte aber noch einen letzten Rettungsversuch mit Feng Shui starten. Was soll ich tun?

Gesunder Menschenverstand

Reden Sie mit Ihrem Partner, um herauszufinden, ob sein besitzergreifendes Verhalten einen bestimmten Grund hat. Wenn Sie ihm erklären, dass Sie sich in der Beziehung wie in einem Gefängnis fühlen, ist er vielleicht bereit, sich zu ändern. Vielleicht entdecken Sie auch Aspekte Ihres eigenen Verhaltens, die modifiziert werden könnten, damit Ihr Partner sich nicht so unsicher fühlt.

Lösung

Besitzergreifendes Verhalten ist ein Zeichen von zu viel Yang – also ermuntern Sie Ihren Partner, Yin-betonter zu werden. Da außerdem die nordöstliche Chi-Energie zu Eifersucht aufstacheln kann, sollte ihr Einfluss bei Ihrem Partner vermindert und stattdessen die spielerische Chi-Energie des Westen verstärkt werden.

Ihr Partner ist von mehr Yin umgeben, wenn Sie vor alle scharfen, vorstehenden Kanten in Ihrer Wohnung buschige Pflanzen stellen. Auf Tischen mit scharfen Kanten können Sie rankende Pflanzen platzieren. Auch für lange, gerade Flure, oder wenn mehrere Türen in einer Reihe nebeneinander liegen, sind buschige Pflanzen zu empfehlen. Sie bremsen die schnelle Yang-Energie, die von langen, geraden Linien verursacht wird.

Unterstützend wirken Yin-Mahlzeiten mit Rohkost, Obst und leichten Speisen. Yin-Hobbys wie Tai Chi, Yoga und Meditation tragen zusätzlich dazu bei, dass Ihr Partner Sie und die Beziehung entspannter sieht.

Damit Ihr Partner die schädliche nordöstliche Chi-Energie nicht aufnimmt, sollte sein Kopf beim Schlafen nicht in diese Richtung zeigen. In der Wohnung schieben Sie dieser Energie einen Riegel vor, wenn Sie im Nordosten und Südwesten Ihrer Wohnung Porzellanschälchen mit Meersalz platzieren. Die Farben Rosa, Altweiß und Hellgrau im Nordosten der Wohnung sowie runde oder metallene Gegenstände beruhigen diese Chi-Energie ebenfalls.

Mehr Yin reduziert das besitzergreifende Verhalten Ihres Partners; also ermuntern Sie ihn, viel Obst zu essen und entspannenden Aktivitäten nachzugehen. Neutralisieren Sie alle scharfen Kanten durch rankende Pflanzen.

Eisen und Metall

Der östlichen Medizin zufolge beeinflusst der Eisengehalt Ihres Blutes, wie entschlossen, motiviert und willensstark Sie sind. Weil die Chi-Energie der Eisenpartikel in Ihrem Blut von der Chi-Energie des Eisens in Ihrer Wohnung oder Umgebung beeinflusst wird, lassen Yang-Einflüsse sich mithilfe von Eisen stärken oder schwächen. Alle magnetischen Metallgegenstände haben einen ähnlichen Effekt auf Ihre persönliche Chi-Energie.

Eisen und andere Metallgegenstände entsprechen dem Element Metall, dem wiederum die westliche und die nordwestliche Chi-Energie zugeordnet werden (siehe auch S. 41). Da der Metall-Chi-Energie runde Formen entsprechen, wird sie durch runde Metallgegenstände – Münzen, Teller, Statuetten, Behältnisse – verstärkt, die Sie im Westen und Nordwesten Ihrer Wohnung platzieren. Je solider und schwerer diese Gegenstände sind, desto Yang-betonter sind sie. Ein schwerer Behälter aus Gusseisen etwa ist Yang-betonter als eine Sammlung kleiner Münzen.

Alle glänzenden Metallgegenstände, etwa polierte Türgriffe und Badezimmerarmaturen, reflektieren die Chi-Energie. Die Art des Metalls ist dabei nicht von Belang. Die Gegenstände beschleunigen den Chi-Fluss, was eine anregende Atmosphäre begünstigt. Eine Platzierung im Westen oder Nordwesten der Wohnung gibt dem Chi-Fluss noch mehr Tempo.

Zu viel Eisen kann jedoch das Magnetfeld der Erde verzerren (siehe S. 82–83). Auf ein Bett mit Eisengestell, Sprungfederrahmen oder Federkernmatratze sollten Sie deshalb besser verzichten: Das dadurch verzerrte Magnetfeld wirkt nachts auf Sie ein und kann Sie ziemlich durcheinander bringen. Bettgestelle aus Messing haben keine magnetische Wirkung und sind daher unproblematisch.

Eine der besten Möglichkeiten zur Intensivierung der Metall-Chi-Energie in Ihrer Umgebung ist eine im Westen oder Nordwesten platzierte runde Uhr mit möglichst vielen Metallteilen. Eine Pendeluhr ist ideal, weil sie Ihrem Leben Struktur und Rhythmus und damit mehr Ordnung gibt.

Meersalz

Genauso wie Eisen und Wasser ist auch Salz im Körper vorhanden, sodass Meersalz in Ihrer Umgebung Ihre persönliche Chi-Energie ebenfalls beeinflusst. Es hat extreme Yang-Qualität und wird dem Element Metall zugeordnet. Seine Fähigkeit, Chi zu absorbieren, ist besonders bei negativer Chi-Energie von Vorteil, etwa in einem Zimmer, in dem gerade gestritten wurde, oder beim Einzug in ein neues Zuhause, in dem die Vorbewohner schlechtes Chi hinterlassen haben. Meersalz trägt auch dazu bei, chaotische Chi-Energie zu beruhigen.

Wenn das Salz negative Chi-Energie absorbieren soll, streuen Sie es am besten vor dem Zubettgehen pur auf den Boden in dem Bereich, dessen Atmosphäre Sie reinigen wollen. Kehren oder saugen Sie es nach dem Aufwachen auf und bringen Sie es sofort aus der Wohnung heraus. Wenn das Meersalz chaotische Chi-Energie stabilisieren soll, geben Sie es neben Türen oder Fenster im Nordosten und Südwesten der Wohnung, denn diese Bereiche enthalten die potenziell labile Erd-Chi-Energie. Das Salz muss nicht sichtbar sein, das heißt, Sie können es auch hinter ein Möbelstück geben. Am besten streuen Sie es auf den Boden – bei Yang-Hilfsmitteln ist das am effektivsten.

Meersalz aus dem Bioladen oder Reformhaus erzeugt eine reinere Chi-Energie und ist deshalb vorzuziehen; Meersalz aus dem Supermarkt kann Zusatzstoffe enthalten – überprüfen Sie dies anhand des Etiketts. Bewahren Sie das Meersalz unbedingt trocken auf, damit es aufnahmefähig bleibt und seine Wirkung nicht verliert.

Um seine Wirkung zu entfalten, muss Meersalz Kontakt mit der Luft haben; ich empfehle, ein oder zwei Esslöffel in ein weißes Porzellanschälchen zu geben, das Sie auf ein Fensterbrett oder auf den Boden stellen.

Eine Beziehung beenden

Problem

Ich habe beschlossen, meine nicht eheliche Partnerschaft zu beenden, möchte aber unnötigen Schmerz vermeiden. Wie kann Feng Shui dazu beitragen?

Lösung

Schmerzen lassen sich bei dieser Konstellation wohl nur vermeiden, wenn Sie Ihre Entscheidung, sich zu trennen, noch einmal überdenken. Zu viel südliche Chi-Energie kann extrem emotional machen, was zur Folge hat, dass Sie eine Beziehung beenden wollen. Wenn Sie mit dem Kopf Richtung Süden schlafen oder Ihre Neun-Ki-Zahl den Süden besetzt, kann der Impuls, sich zu trennen, stärker sein. Stellen Sie in diesem Fall Ihr Bett so um, dass Sie im Schlaf keine südliche Chi-Energie aufnehmen. Auch Tonschälchen mit Holzkohle im Süden der Wohnung schwächen diese Energie. Warten Sie mit einer endgültigen Entscheidung möglichst bis zum folgenden Jahr, in dem Ihre Neun-Ki-Zahl nicht mehr im Süden steht, und sehen Sie dann, ob Sie sich immer noch trennen wollen.

Wenn Sie trotz dieser Maßnahmen die Beziehung beenden wollen, sollten Sie mehr südöstliche Chi-Energie aufnehmen. Sie wird mit dem Wind und der traditionellen Rolle der fürsorglichen ältesten Tochter gleichgesetzt und regt dazu an, Entscheidungen zielgerichtet, aber ohne unnötige Härte umzusetzen. Wutausbrüche, langfristiger Schmerz und Verbitterung müssten sich so vermeiden lassen. Sie stärken diese Energie, wenn Sie in den Südosten Ihrer Wohnung ein beruhigendes Yin-Wasserobjekt holen, etwa eine Schale mit frischem Wasser oder Wasser, das sacht über einen Stein plätschert, oder auch hohe Pflanzen oder die Farben Blassgrün und Blau.

Mehr Yin ist ebenfalls günstig – es fördert Sanftmut, Fürsorglichkeit und Rücksichtnahme. Stellen Sie dazu cremefarbene Blumen in eine Yin-blaue Vase und verwenden Sie im ganzen Haus blassgrüne und blaue Dekostoffe. Den rasanten Chi-Fluss, den scharfe Kanten oder lange Flure erzeugen, können Sie durch buschige Pflanzen vor den Kanten bzw. im Flur verlangsamen. Auch wenn Treppenstufen direkt auf die Eingangstür zuführen oder Sie von der Eingangstür aus die Hintertür sehen können, sollten Sie die dadurch entstehende, rasch strömende Yang-Energie mithilfe vieler buschiger Pflanzen bremsen. Spiegel, die sich einer Tür, einem Fenster oder einem anderen Spiegel gegenüber befinden, erzeugen ebenfalls eine schnell fließende Yang-Energie.

Mehr südöstliche Chi-Energie hilft Ihnen, den Bruch rücksichtsvoller durchzuführen. Stellen Sie zur Aktivierung dieser Energie eine Schale mit frischem Wasser und hohe Pflanzen in den Südosten Ihrer Wohnung.

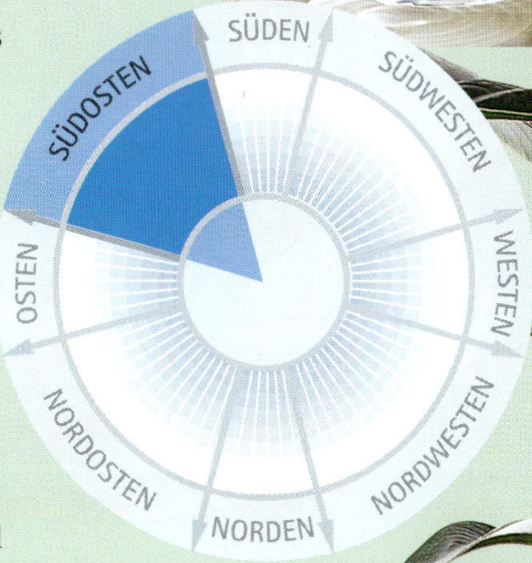

Problem

Jemand, den ich sehr geliebt habe, hat sich in jemand anderen verliebt. Ich fühle mich schrecklich verletzt und verlassen, und mein Selbstbewusstsein ist auf null. Wie kann ich da herauskommen?

Lösung

Das Ende einer wichtigen Beziehung bringt oft Verlustgefühle mit sich; Sicherheit und Selbstvertrauen sind oft dahin, vor allem wenn die Trennung vom Partner ausging. Aber Sie können Ihr Selbstbewusstsein wieder aufbauen, indem Sie sich mit mehr östlicher Chi-Energie umgeben. Sie entspricht der Morgendämmerung und dem Frühling und ist deshalb günstig, um aus der gegenwärtigen Negativspirale herauszukommen und in eine neue Lebensphase einzutreten.

Umgeben Sie sich auch mit mehr Yang, dann haben Sie eher das Gefühl, dass Ihr Ex-Partner es ist, der etwas verloren hat, und dass auf Sie schon eine bessere Beziehung wartet.

Die östliche Chi-Energie mobilisieren Sie durch einen Zimmerbrunnen, hohe Pflanzen sowie Dekostoffe und Ziergegenstände (Kissen, Vasen) in leuchtendem Grün im Osten Ihrer Wohnung. Auch ein Fußboden oder Möbel aus Holz stärken diese Energie. Nachts nehmen Sie mehr östliche Chi-Energie auf, wenn Ihr Kopf beim Schlafen Richtung Osten zeigt.

Eine Yang-betontere Ernährung mit viel Fisch, Wurzelgemüse und Getreide gibt Ihnen die Lust am Leben zurück, und Wettkämpfe oder Kampfsportarten steigern Ihre mentale Kraft und Sicherheit. Rubbeln Sie außerdem Ihren Körper regelmäßig kräftig ab, das beschleunigt Ihre persönliche Chi-Energie, sodass Sie Ihre Enttäuschung schneller überwinden können.

In einer großzügigen, sauberen, aufgeräumten Wohnung kann die Chi-Energie ungehinderter fließen. Ein gründlicher Hausputz führt Ihnen frische Chi-Energie zu und erleichtert Ihnen den Neubeginn in Ihrem Leben.

Familie

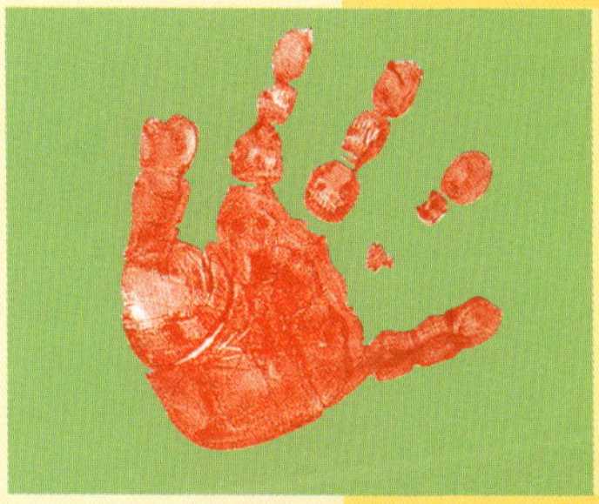

4

Allgemeine Probleme

Problem

Unser Baby schläft derzeit noch bei uns im Schlafzimmer, aber wir wollen ihm ein Kinderzimmer einrichten. Was sollen wir in puncto Einrichtung beachten, damit es sich dort wohl fühlt?

Lösung

Im Idealfall führt die Atmosphäre im Kinderzimmer zu einer gesunden Entwicklung und einem guten Nachtschlaf. Diese Ziele werden vor allem durch die östliche, südöstliche, westliche und nördliche Chi-Energie unterstützt.

Der Osten symbolisiert den Beginn eines neuen Tages und die Zukunft des Kindes; der Südosten fördert Wachstum und Aktivität; die ruhigere westliche Chi-Energie begünstigt einen friedlichen Schlaf; und die Chi-Energie des Nordens, die stillste von allen, ist ideal, wenn Ihr Kind schlecht einschläft.

All diese Energien nimmt Ihr Kind vermehrt auf, wenn sein Kopf beim Schlafen in die entsprechende Richtung zeigt. Meine Kinder schlafen mit dem Kopf nach Osten, aber als sie kleiner waren und das Einschlafen Probleme machte, waren der Westen und der Norden günstiger. Wenn die Kinder im Bett genug Platz haben, drehen sie sich oft selbst in die Richtung, die sie am meisten brauchen. Wenn Sie also beobachten, dass Ihr Kind sich im Schlaf in eine bestimmte Richtung dreht, wissen Sie, welche Chi-Energie es derzeit am nötigsten hat.

Als Farben für das Kinderzimmer empfehle ich pastellige Grün-, Blau- oder Rosatöne – sie entsprechen dem Osten, dem Südosten bzw. dem Westen und aktivieren das Chi dieser Richtungen. Blasse, weiche Farben erzeugen generell eine beruhigende Atmosphäre.

Vorhänge, Bettwäsche und andere Dekostoffe sollten aus 100 % Baumwolle, Leinen, Seide, Wolle oder anderen Naturfasern sein. Vor allem Cremetöne und getupfte Muster begünstigen eine ruhige, schlaffördernde Atmosphäre. Synthetische Stoffe laden sich oft statisch auf. Das kann die Chi-Energie des Kindes durcheinander bringen und erhöht die Gefahr, dass bei Ihrem Kind Verhaltens- und Schlafstörungen auftreten.

Problem

Im Lauf der Jahre hat sich unsere Familie immer weiter auseinander gelebt, und jeder geht seiner Wege. Früher haben wir oft zusammen gespielt und gemeinsam etwas unternommen. Was kann ich tun, um den Familiensinn zu stärken?

Lösung

Reduzieren Sie die freiheitsliebende Chi-Energie des Nordens und umgeben Sie Ihre Familie mit mehr südwestlicher Chi-Energie. Sie entspricht der Zeit, in der man sich gemütlich niederlässt und die Früchte reifen lässt. Die Chi-Energie dieser Richtung ist deshalb ideal, wenn Sie als Familie mehr angenehme Zeit miteinander verbringen wollen.

Zur Beruhigung der nördlichen Chi-Energie empfehlen sich für den Norden Ihrer Wohnung hohe Pflanzen, Dekostoffe in Grün sowie Ziergegenstände und Möbel aus Holz. Dies vermehrt die Holz-Chi-Energie, die die dem Norden entsprechende Wasser-Chi-Energie absorbiert.

Die südwestliche Chi-Energie erhält Auftrieb, wenn Sie gelbe Blumen in einer Terrakottavase oder gelb blühende Pflanzen in einem Tonbehälter in den Südwesten Ihrer Wohnung stellen. Gelb und Mattschwarz sind die dieser Energie zugeordneten Farben – sparen Sie nicht mit ihnen. Da die Feuer-Chi-Energie die Erd-Chi-Energie des Südwestens stärkt, ist es eine gute Idee, im Südwesten der Wohnung purpurfarbene Kerzen anzuzünden.

Mehr südwestliche Chi-Energie fließt Ihnen auch zu, wenn Sie mit dem Kopf nach Südwesten schlafen und beim entspannten Sitzen Richtung Südwesten sehen. Wenn die Vorderfront oder die Eingangstür Ihres Hauses im Südwesten liegt, hält diese Energie bereits überproportional Einzug in Ihr Haus.

Bei diesem Problem hilft unter anderem eine Stärkung der beschaulichen Chi-Energie des Südwestens: Stellen Sie gelb blühende Pflanzen in einem Tonbehälter oder angezündete Kerzen in den Südwesten Ihrer Wohnung.

Problem

In unserer Familie ist der Fernseher zum Mittelpunkt geworden. Die Kinder hängen ständig davor, und mir macht sein negativer Einfluss auf ihre Gesundheit Sorgen. Wie lässt diese Situation sich verbessern?

Lösung

Fernsehen ist für viele Leute ein entspannender Zeitvertreib. Wie von den meisten anderen Elektrogeräten geht jedoch auch von einem Fernseher ein elektromagnetisches Feld aus, das dem Feng Shui zufolge die Ausrichtung der Eisenpartikel in Ihrem Blut durcheinander bringt. Normalerweise richten sie sich nach dem Magnetfeld der Erde aus, sind also für einen natürlichen Richtungssinn verantwortlich.

Um sich dieser Strahlung möglichst wenig auszusetzen, sollten Sie sich nur Sendungen ansehen, die Sie wirklich interessieren, und den Fernseher nicht einfach zur Hintergrunduntermalung anlassen. Ziehen Sie, wenn Sie nicht mehr zusehen, auch den Stecker aus der Steckdose, damit der Transformator keinen Strom mehr bekommt. Da Ihre persönliche Chi-Energie für äußere Einflüsse empfänglicher ist, wenn Sie schlafen, ist es besonders ungünstig, wenn Sie vor dem laufenden Fernseher einschlafen.

Je näher Sie dem Fernseher sind, desto stärker sind die elektromagnetischen Felder (EMF); deshalb sollten Kinder von einem kleinen Gerät mindestens 2 m und von einem großen Gerät mindestens 4 m Abstand halten. Sie können feststellen, wo ein EMF anfängt, wenn Sie mit einem Kompass auf den Fernseher zugehen. Wenn die Nadel die Richtung ändert, treten Sie in ein EMF ein.

Gesunde Grünpflanzen geben ihre natürliche Chi-Energie an die Umgebung ab und tragen dazu bei, die Auswirkungen der EMF zu neutralisieren; also stellen Sie möglichst viele Pflanzen in die Nähe des Fernsehers. Calla, Kakteen und Grünlilien gelten als besonders effektiv.

Mehr Yang in Ernährung und Lebensweise Ihrer Kinder veranlasst sie dazu, mehr draußen zu spielen.

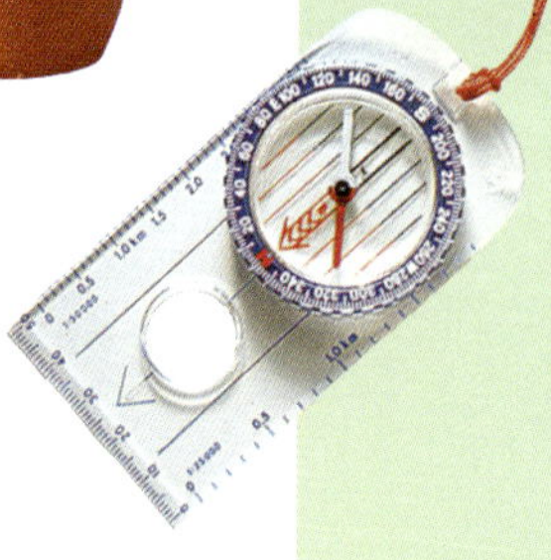

Pflanzen in der Nähe des Fernsehers verhindern, dass das von ihm erzeugte EMF die Chi-Energie Ihrer Kinder durcheinander bringt. Ermitteln Sie mit einem Kompass, wie weit entfernt sie sitzen sollten (siehe S. 82–83).

Problem

Mein Mann ist ein ziemlicher Tyrann, und das verleidet uns alles, was wir als Familie zusammen machen.
Es ist schlimmer geworden, seit wir umgezogen sind.
Wie kann Feng Shui uns helfen?

Lösung

Die Chi-Energie des Nordwestens entspricht dem Führen und Gebieten, das dem Vater zugeordnet wird. Wenn jemand zu viel von dieser Energie hat, wird er leicht zum Despoten, vor allem wenn es sich um einen Mann handelt. Wenn der tyrannische Partner die Frau ist, kann auch zu viel südwestliche Chi-Energie die Ursache sein; diese Richtung hat mit der traditionellen Rolle der Mutter zu tun. Die Situation wird daher am ehesten besser, wenn die nord- bzw. südwestliche Chi-Energie in Ihrer Wohnung abnimmt.

Dazu müssen Sie die Chi-Energie des Nordens stärken. Ihr entspricht das Element Wasser, das das dem Nordwesten zugeordnete Element Metall absorbiert. Die nördliche Chi-Energie kann diese Aufgabe besser erfüllen, wenn Sie cremefarbene Gegenstände mit glänzender Oberfläche, Gegenstände aus Glas oder solche mit geschwungenen, fließenden Formen im Nordwesten Ihrer Wohnung platzieren.

Wenn allerdings der despotische Partner die Frau ist, müssen Sie die Metall-Chi-Energie stärken, denn sie »schluckt« die dem Südwesten entsprechende Erd-Chi-Energie. Diesem Ziel dienen Rosatöne, runde Formen und Möbel oder andere Gegenstände aus Metall im Südwesten der Wohnung.

Günstig ist auch, wenn Ihre Wohnung generell beruhigender, entspannender und Yin-betonter wird. Verwenden Sie pastellige Stoffe aus Naturfasern für Vorhänge und Bettwäsche und stellen Sie viele Pflanzen mit hängenden Blättern auf.

Der tyrannische Partner sollte mit dem Kopf möglichst nach Westen, Südosten oder Norden schlafen. Die Chancen für eine Besserung sind auch größer, wenn Ihre Neun-Ki-Zahl eine dieser Richtungen besetzt.

Das despotische Vater-Chi des Nordwestens wird durch ein Wasserobjekt im Nordwesten in ruhigere Gewässer gelenkt. Wenn die Frau der Tyrann ist, können Sie die Mutter-Energie des Südwestens schwächen, indem Sie das Element Metall stärken. Stellen Sie dazu eine Metallvase mit rosafarbenen Blumen in den Südwesten der Wohnung.

Problem

Für unsere wachsende Familie wollen wir das Haus um ein Spielzimmer und ein weiteres Bad vergrößern. Wie sollen wir im Sinne des Feng Shui dabei am besten vorgehen?

Lösung

Als Erstes sollten Sie feststellen, welche Richtungen für diese Räume am geeignetsten sind. Für ein Spielzimmer passen der Nordosten und der Westen, weil die entsprechenden Energien zum Spielen anregen. Auch der Südosten und der Osten kommen in Frage, weil sie einen Bezug zum Morgen und zum Frühling haben und für eine gesunde Entwicklung des Kindes sorgen. Das Badezimmer bringen Sie am besten im Osten oder Südosten unter, weil die mit diesen Richtungen korrespondierende Holz-Chi-Energie die Wasser-Chi-Energie absorbiert, die von Badewanne, Waschbecken, Dusche und WC erzeugt wird.

Verwenden Sie nach Möglichkeit für beide Räume natürliche Materialien. Holzböden sind ideal für Räume im Osten oder Südosten, weil ihre Energie mit dem Element Holz harmoniert, das diesen Richtungen entspricht. Achten Sie darauf, dass das Holz massiv ist – Laminatböden können toxische Dämpfe abgeben. Für die Wände empfehlen sich natürliche Farben ohne Bleizusatz.

Eine entspannende Atmosphäre im Spielzimmer entsteht durch Dekostoffe und Gegenstände in blassen Yin-Farben, etwa Grün-, Blau- und Cremetöne. Wenn Sie das Spielzimmer lieber anregend einrichten wollen, sind leuchtende Grün-, Rot- und Gelbtöne besser. Planen Sie möglichst eine direkte und eine indirekte Beleuchtung ein, dann können Sie in Abhängigkeit von dem, was Ihre Kinder gerade brauchen, dem Raum mehr Yin- oder mehr Yang-Qualität geben.

Ein ideales Feng-Shui-Badezimmer bekommt viel frische Luft und Tageslicht. Stellen Sie viele Pflanzen auf – da sie überschüssige Feuchtigkeit aufnehmen, verringern sie die Gefahr, dass die Chi-Energie stagniert und Feuchtigkeit sich festsetzt. Verzichten Sie auf Leuchtstoffröhren, die ein kaltes, blaustichiges Licht erzeugen und mehr elektromagnetische Strahlung abgeben.

Sie fördern einen gesunden Chi-Fluss, wenn Sie für beide Räume Biofarben und natürliche Materialien verwenden. Mit einer indirekten Beleuchtung und pastelligen Yin-Farben wird die Atmosphäre im Spielzimmer entspannender; Spotleuchten und knallige Yang-Farben haben eine stimulierende Wirkung.

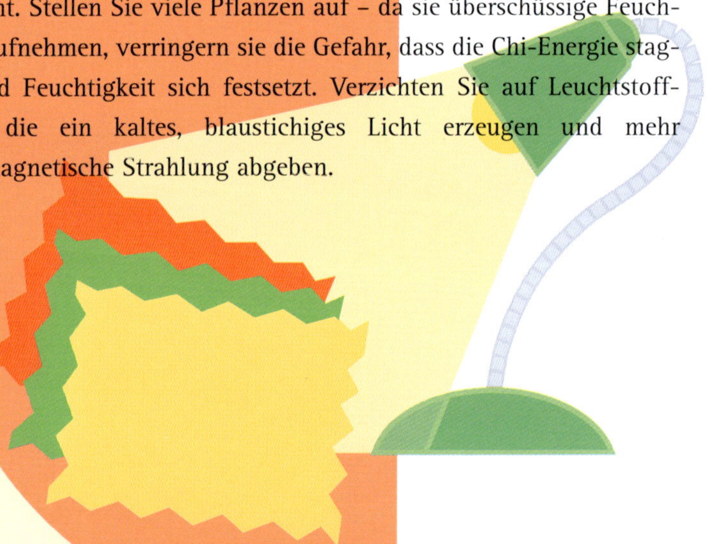

Mahlzeiten

Problem

Die Mahlzeiten bei uns sind voller Spannungen. Normalerweise endet es so, dass erst mein Partner und ich mit den Kindern streiten und dann miteinander Krach bekommen. Was kann ich tun, damit es beim Essen friedlicher zugeht?

Lösung

Stärken Sie die beruhigende Yin-Energie und umgeben Sie Ihre Familie mit mehr nördlicher Chi-Energie. Diese Richtung entspricht der Nacht und dem Winter, Zeiten, die als still und friedlich gelten.

Ihr Esszimmer bekommt mehr Yin-Energie, wenn Sie es mit vielen weichen Textilien aus Naturfasern ausstatten, etwa einem Leinentischtuch und großen Stoffservietten aus Baumwolle. Der Effekt wird noch intensiver, wenn Sie Stoffe und andere Ziergegenstände in Yin-Farben wählen, etwa blasse Blau-, Grün- oder Cremetöne.

Ein rechteckiger Esstisch mit scharfen Kanten erzeugt Yang-Energie; Abhilfe schaffen Sie, wenn Sie buschige Pflanzen in die Nähe des Tisches stellen. Damit der langsame, kontinuierliche Chi-Fluss im Esszimmer erhalten bleibt, sollten die Türen während des Essens geschlossen sein.

Mahlzeiten aus einer Mischung von stark Yang-lastigen Lebensmitteln – Fleisch, Eier, Salz – mit Yin-Gewürzen und Süßem können die Emotionen anheizen und erhöhen die Gefahr für Spannungen. Besser ist eine ausgewogenere Ernährung mit Gemüse, Getreide und Salat ohne extrem Yang-lastige Nahrungsmittel. Ersetzen Sie zuckrige Desserts durch frisches Obst, das ebenfalls Yin-Qualitäten hat, aber gesünder ist.

Von mehr nördlicher Chi-Energie ist Ihre Familie umgeben, wenn Sie für den Nordwesten, Westen, Norden, Osten oder Südosten Ihrer Wohnung Cremetöne, geschwungene Linien und Gegenstände aus Glas wählen. Wenn ein Familienmitglied ständig gereizt wirkt, sollte es möglichst mit Blick nach Norden am Tisch sitzen. Auch der Blick nach Westen, Nordwesten und Südwesten sorgt für ruhige, stressfreie Mahlzeiten.

NORDEN

Die südliche Chi-Energie ist sehr hitzig und potenziell explosiv. Wenn Ihr Esszimmer im Süden der Wohnung liegt, fließt diese Energie Ihrer Familie vermehrt zu, was Ihr Problem verschärfen kann. Stellen Sie dagegen ein Tonschälchen mit Holzkohle unter den Tisch und verwenden Sie Teller und Ziergegenstände in Blassgelb, Beige oder Braun.

Problem

Meine Kinder haben fürchterliche Tischmanieren, und beim Essen schimpfe ich deshalb ständig mit ihnen. Wie kann Feng Shui diese Situation verbessern?

Lösung

Wenn Sie am Esstisch eine förmlichere Atmosphäre herstellen und die Mahlzeiten zu etwas Besonderem machen, können Sie Ihre Kinder leichter von der Wichtigkeit guter Tischmanieren überzeugen. Die Metall-Chi-Energie des Nordwestens hat mit väterlicher Kontrolle, Selbstdisziplin und Würde zu tun und ist die förmlichste aller Acht Richtungen; deshalb eignet sie sich ideal, um Ihren Kindern mehr Respekt einzuflößen.

Sie vermehren diese nordwestliche Energie in Ihrer Wohnung, wenn im Nordwesten die Farben Silber, Grau und Altweiß vorhanden sind. Ein förmlicherer Rahmen am Tisch entsteht, wenn Sie ein Tischtuch und Servietten aus Stoff auflegen und Porzellangeschirr und fein poliertes Metallbesteck verwenden. Ein schwerer, rechteckiger Tisch aus dunklem Holz und massive Stühle mit gerader Rückenlehne unterstützen eine feierliche Atmosphäre, in der Ihre Kinder sich eher gut benehmen. Wenn Sie am Esstisch außerdem noch Kerzen anzünden, werden Ihre Sprösslinge sich die ganze Mahlzeit über auf das Essen und die guten Manieren konzentrieren.

Nehmen Sie am Tisch möglichst den Platz im Nordwesten mit Blick nach Südosten ein; das gibt Ihnen die stärkste Position am Tisch und sorgt dafür, dass Ihre Kinder Ihren Wunsch nach einem zivilisierteren Essstil eher respektieren. Weisen Sie besonders lebhaften Kindern einen Platz mit Blick nach Norden, Westen, Nordwesten oder Südwesten zu, das macht sie ruhiger.

Extrem Yin-lastige Lebensmittel, vor allem solche mit viel Zucker, lassen den Blutzuckerspiegel hochschießen, sodass Ihr Nachwuchs hyperaktiv wird und außer Rand und Band gerät. Streichen Sie solche Lebensmittel deshalb möglichst vom Speiseplan. Viele Fertiggerichte enthalten versteckten Zucker; überprüfen Sie dies anhand der Angabe der Inhaltsstoffe auf der Packung.

Ihre Kinder werden sich eher so benehmen, wie Sie es für richtig halten, wenn Ihre Neun-Ki-Zahl im Nordwesten, Südwesten oder Nordosten liegt.

Problem

Die Mahlzeiten gehören zu den wenigen Gelegenheiten, bei denen wir etwas von unseren Kindern im Teenageralter mitbekommen, die sich derzeit kaum zu Hause blicken lassen. Was kann ich tun, damit das Zusammensein positiv und harmonisch verläuft?

Lösung

Eine entspannte Yin-Atmosphäre ist für einen optimalen Verlauf dieser Familientreffen am besten. Auch die Chi-Energien des Westens und Nordwestens sind günstig, weil sie die Entspannung, die Geduld und den Familiensinn fördern.

Für mehr Yin im Esszimmer sorgen Stühle aus Holz oder Korbgeflecht, große pastellfarbene Stoffservietten, Blumen und ein Leinentischtuch – sie alle verlangsamen den Chi-Fluss. Platzieren Sie vor scharfen Kanten, die auf den Tisch zeigen, buschige Pflanzen, um den Chi-Fluss zu bremsen, und wählen Sie eine indirekte Beleuchtung, Lampen mit Schirm oder Kerzen. Ziehen Sie sich vor dem Essen etwas Bequemes an, besonders wenn Sie von der Arbeit kommen; das erneuert Ihre persönliche Chi-Energie und macht es leichter, den Tagesstress zu vergessen und das Zusammensein mit der Familie zu genießen.

Die Metall-Chi-Energien des Westens und Nordwestens locken Sie aus der Reserve, wenn Sie den Westen und Nordwesten von Küche und Esszimmer mit dekorativen Gegenständen in Rostrot, Rosa, Grau, Silber und Altweiß ausstaffieren. Stellen Sie eine runde Silbervase mit rosafarbenen Blumen auf den Esstisch und essen Sie möglichst mit Silberbesteck.

Direkter fließen die genannten Energien Ihnen zu, wenn der Blick am Esstisch nach Westen oder Nordwesten geht. Wenn das nicht möglich ist, kommen auch der Südwesten und der Norden in Frage, die Ihnen ebenfalls beruhigende Chi-Energie zuführen. Sitzen Sie so, dass möglichst alle den Rücken zu einer Wand oder Türen und Fenster im Blick haben.

Gesunder Menschenverstand

Bereiten Sie, wenn Sie die Zeit haben und das Kochen Sie nicht zu lange in die Küche verbannt, eine Mahlzeit mit drei oder mehr Gängen zu. Dann sind Ihre Kids länger mit dem Essen beschäftigt, und Sie haben eher die Gelegenheit, etwas von ihnen zu erfahren.

Korb- und Holzmöbel, eine Tischdecke oder Platzdeckchen aus Stoff, große Stoffservietten in Pastellfarben und cremefarbene Blumen stellen im Esszimmer eine harmonische Yin-Atmosphäre her.

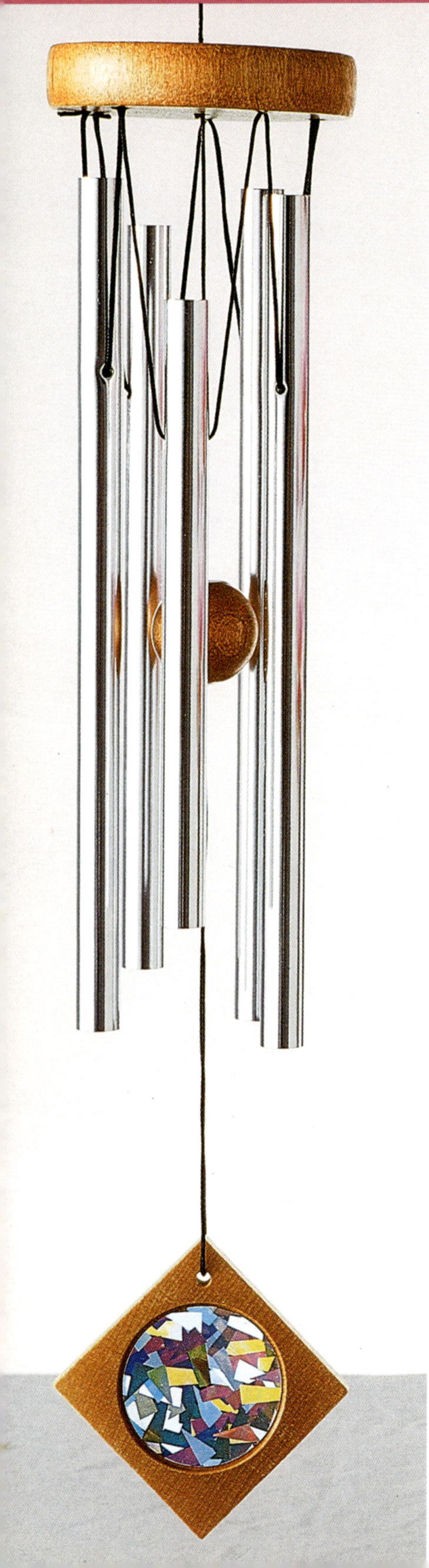

Klänge

Klänge versetzen die Luft in Schwingung und beeinflussen dadurch auch Ihr persönliches Energiefeld. Die Art ihrer Wirkung hängt von ihrer Frequenz ab. Weiche, leise Töne haben Yin-Qualität; sie beruhigen und entspannen. Laute, rhythmische Klänge haben Yang-Qualität; sie stimulieren die Chi-Energie und sorgen für mehr Power. Deshalb zieht ein ruhiges Musikstück Sie an, wenn Sie gestresst sind, und rhythmische Tanzmusik, wenn Ihr Leben apathisch vor sich hin dümpelt.

Auch Tönen, Chanten und Singen verändern Ihre persönliche Chi-Energie. Die im Körper erzeugten Klangwellen bringen die inneren Organe zum Schwingen und sind so etwas wie eine innere Massage. Die einzelnen Klänge beeinflussen dabei unterschiedliche Körperbereiche: Ein tiefes »Aaa« schwingt mehr im Bauchbereich, ein etwas höheres »Ooo« im Brustkorb und »Mmm« im Stirnbereich.

Genauso können auch alle Einrichtungselemente, die Klänge abgeben – Windspiele, Glocken, Uhren, Zimmerbrunnen –, die Chi-Energie in ihrer Umgebung stimulieren. Deshalb werden in Klöstern, Kirchen und anderen Orten der spirituellen Andacht manchmal Metallglocken, Gongs oder Klangschalen geschlagen: Ihre Schwingungsenergie zerstreut negatives Chi und erzeugt eine reinere, spirituellere Atmosphäre.

Windspiele

Sie sind nicht nur schön, sondern auch sehr nützlich, denn wenn sie in der Nähe einer Tür hängen, schicken sie jedes Mal, wenn die Tür aufgeht, positive Energiewellen durchs ganze Haus. Die Art des Materials – Metall, Holz oder Keramik – ist ausschlaggebend für den Klang, den sie abgeben, und die Himmelsrichtung, in der sie am besten angebracht werden.

Windspiele aus Metall etwa passen am besten in den Westen und Nordwesten, weil diese Richtungen dem Element Metall entsprechen. Ein guter Platz für sie ist aber auch im Südwesten, in der Mitte und im Nordosten der Wohnung, weil diese Richtungen einen Bezug zum Element Erde haben,

Lichtreflektoren an Windspielen verteilen wie ein Kristall die Chi-Energie im ganzen Raum, was sie zu besonders effektiven Feng-Shui-Hilfsmitteln macht.

das mit der Metall-Chi-Energie harmoniert. Auch der Norden ist geeignet, weil er dem Element Wasser entspricht, das ebenfalls mit der Metall-Chi-Energie übereinstimmt. Windspiele aus Metall reinigen die Atmosphäre in dem Bereich, in dem sie sich befinden.

Stellen Sie ein Telefon mit Metallglocke in eine Ecke Ihrer Wohnung, in der die Chi-Energie stagniert. Wenn das Telefon klingelt, wird jedes Mal die Chi-Energie dieses Bereichs aktiviert.

Windspiele aus Holz passen am besten in den Osten, Südosten und Süden Ihrer Wohnung, weil die östliche Chi-Energie dem Element Holz zugeordnet wird, das mit der Feuer-Chi-Energie des Südens und Südostens harmoniert. Diese Windspiele erzeugen eine positive, optimistische Chi-Energie.

Windspiele aus Keramik eignen sich für den Südwesten und den Nordosten, weil diese Richtungen einen Bezug zur Erd-Chi-Energie haben. Auch im Süden könnten Sie sie platzieren, weil der Süden dem Element Feuer entspricht, das mit dem Erd-Chi kompatibel ist; der Norden und der Nordwesten kommen in Betracht, weil sie mit der Metall-Chi-Energie korrespondieren, die ebenfalls zur Erd-Chi-Energie passt.

Glocken und Gongs

Wenn Sie in einem Bereich Ihrer Wohnung eine drückende Atmosphäre, Stickigkeit oder Stagnation feststellen, sollten Sie dort eine Klangschale anschlagen. Das ist besonders vorteilhaft, um nach einem Streit oder einer Party die Atmosphäre zu reinigen.

Diese Klangschalen können aus den folgenden gängigen Metallen bestehen: Eisen, Blei, Zink, Kupfer, Silber und Gold. Tibetische Mönche verwenden sie traditionell zum Meditieren und Heilen.

In einer großen Wohnung können Sie einen schweren Metallgong in die Diele hängen und jedes Mal schlagen, wenn Sie im ganzen Haus reinigende Chi-Energie verteilen wollen. Für kleinere Räume empfehlen sich Klangschalen aus Metall, die Sie mit einem Holzschlägel zum Klingen bringen.

Wichtig ist auch, dass Sie den Klang des Objekts, das Sie in Ihrer Wohnung installieren, als angenehm empfinden. Mich zum Beispiel stört der Klingelton moderner Telefone; deshalb habe ich mir ein Telefon mit Metallglocke zugelegt.

Feste

Problem

Bei großen Familienfesten bin ich immer ziemlich nervös. Haben Sie ein paar Tipps für mehr Gelassenheit?

Lösung

Ihre Unruhe bei solchen Anlässen kann verschiedene Ursachen haben. Sobald Sie den Grund herausgefunden haben, können Sie entscheiden, welche Energie Ihnen weiterhilft. Wenn etwa die vielen Menschen Sie nervös machen, brauchen Sie mehr östliche Chi-Energie, die selbstbewusster und sicherer macht. Wenn Sie sich bei solchen Gelegenheiten gern zu viel Verantwortung aufladen, ist mehr nordwestliche Chi-Energie angesagt – sie macht das Delegieren und Dirigieren leichter. Wenn Ihnen einfach die ganzen Familiengeschichten zu nahe gehen, sind mehr entspannendes Yin und mehr nördliche Chi-Energie günstig; Letztere hilft Ihnen, die Dinge mit ein bisschen mehr Distanz zu sehen.

Am besten verändern Sie statt der generellen Raumatmosphäre Ihr eigenes Energiefeld. Das bewerkstelligen Sie am einfachsten dadurch, dass Sie Kleidung und Accessoires in bestimmten Formen und Farben tragen. Es muss nicht von Kopf bis Fuß eine bestimmte Farbe oder ein bestimmtes Muster sein – es reicht, wenn Farbe oder Muster überhaupt vorkommen. Die Holz-Chi-Energie des Ostens etwa stärken Sie durch leuchtendes Grün, Längsstreifen oder Accessoires aus Holz. Die nordwestliche Chi-Energie betonen Sie durch ein Kleidungsstück in Grau oder Creme oder auch – weil der Nordwesten einen Bezug zum Element Metall hat – durch runde oder metallene Accessoires, zum Beispiel Silberschmuck. Mehr nördliche Chi-Energie nehmen Sie durch Kleidungsstücke auf, die cremefarben oder transparent, fließend geschnitten und unregelmäßig gemustert sind; all diese Voraussetzungen erfüllt zum Beispiel Spitze.

Damit Sie mehr zum Yin tendieren und entspannter werden, empfiehlt es sich, mehr Gemüse, Salat und Obst und weniger Fleisch, Eier und salzige Yang-Nahrungsmittel zu essen.

Problem

Ich habe immer einen Horror vor Weihnachten, weil es im Allgemeinen mit jeder Menge Stress und Streit endet. Was kann ich diesmal anders machen, damit das nicht passiert?

Lösung

Auch für die harmonischsten Familien ist Weihnachten oft eine Herausforderung, und obwohl schwelende Familienprobleme nicht mit Feng Shui übertüncht werden sollten, kann man es bei einzelnen Anlässen zur Verbesserung der Atmosphäre einsetzen.

Menschen streiten im Allgemeinen eher, wenn sie sich eingeschlossen und beengt fühlen. Schaffen Sie, um das zu vermeiden, in den zum Feiern vorgesehenen Zimmern möglichst viel freien Raum. Beseitigen Sie Unordnung und lagern Sie unnötige Möbelstücke aus. Lüften Sie gründlich, das bringt frisches Chi ins Haus. Wenn Spannungen in der Luft liegen, können Sie einen Spaziergang im Freien vorschlagen.

Ihre Gäste werden sich eher angeregt und froh gestimmt unterhalten, wenn sie in einem Kreis oder in einem Oval sitzen. Setzen Sie niemanden vor eine vorstehende oder scharfe Kante – in dem dann auf ihn zuschießenden wirbeligen Chi würde er sich bald unwohl fühlen.

Die der familiären Harmonie entsprechende Energie ist im Südwesten der Wohnung am aktivsten. Stellen Sie dort eine Pflanze oder einen attraktiven Blumenstrauß auf. Auch die Farben Gelb, Mattschwarz, Braun und Kastanie geben dieser Energie Auftrieb und eignen sich für Dekoratives im Südwesten der Wohnung.

Zucker und Alkohol machen oft ungeduldig, reizbar und jähzornig; konsumieren Sie möglichst wenig davon, vor allem nicht ein oder zwei Stunden nach dem großen Weihnachtsessen – zu diesem Zeitpunkt ist Streit am wahrscheinlichsten. Viel gedünstetes Gemüse und Salate machen die Mahlzeit ausgewogener. Rettiche, Essig, Zitrone und Mixedpickles fördern die Aufspaltung des vielen Fetts in traditionellen Weihnachtsgerichten und machen so für Gallenblase und Leber die Arbeit leichter; versuchen Sie, sie in die Mahlzeit zu integrieren.

Mehr Harmonie in der Familie entsteht durch mehr südwestliche Chi-Energie; sie wird durch gelbe Blumen oder andere Dinge in Gelb im Südwesten der Wohnung aktiviert. An einem runden Esstisch sind angeregte, interessante, herzliche Gespräche wahrscheinlicher.

Problem

Wir planen eine Geburtstagsfeier für unseren fünfjährigen Sohn. Was können wir tun, damit alle sich amüsieren?

Lösung

Der Erfolg einer Kinderparty hängt im Allgemeinen davon ab, dass die kleinen Gäste so aus sich herausgehen, dass sie sich an Spielen beteiligen, aber auch nicht zu aufgedreht werden und über die Stränge schlagen. Ideal ist deshalb eine Umgebung, die etwas mehr zu Yang als zu Yin tendiert. Günstig ist auch, wenn zurückhaltende oder unsichere Kinder in einem ruhigeren, stärker Yin-betonten Bereich mit Spielzeugen spielen, Kassetten hören oder Bilderbücher ansehen können. Eine Yin-Atmosphäre ist auch für das Anschneiden und Verteilen des Geburtstagskuchens am geeignetsten.

Wenn die Gäste Ihres Sohnes ankommen, führen Sie sie am besten gleich in den Yang-Bereich, der sie zu gemeinsamen Aktivitäten anregt. Er sollte einer der größeren Räume Ihrer Wohnung sein, der möglichst leer und aufgeräumt ist. Lagern Sie nicht benötigte Möbel aus, vor allem solche, die weich und gepolstert sind – sie erzeugen Yin-Energie. Im Idealfall hat der Yang-Bereich einen glänzenden Holz- oder Steinfußboden, auf dem das Chi schnell fließen kann – also entfernen Sie die Teppiche. Farbige Glühbirnen und eine ziemlich helle Beleuchtung, bunte Luftballons, fröhliche Musik, Spiegel und andere glänzende, reflektierende Gegenstände stellen eine stimulierende Yang-Atmosphäre her. Machen Sie regelmäßig die Fenster auf, damit frische Luft hereinkommt.

Für den Yin-betonten Essbereich empfehlen sich weiche Materialien, ein sanftes Licht und Pastellfarben. Große Kissen auf dem Boden oder niedrige Stühle mit weichen Polstern erzeugen eine kuschelige Atmosphäre, die Geborgenheit vermittelt. Blattreiche Pflanzen in diesem Bereich sorgen dafür, dass das Chi langsam fließt, aber nicht stagniert.

Gesunder Menschenverstand

Nahrungsmittel mit viel Zucker können Kinder hyperaktiv machen. Servieren Sie deshalb statt Kuchen und Kakao lieber herzhafte Partysnacks – Minipizzas, interessant geformte Nudeln oder Gemüsekebab. Von Natur aus süßes Obst wie Rosinen oder Trauben ist Yin-betonter und trägt dazu bei, dass Ihre kleinen Gäste nicht über die Stränge schlagen. Servieren Sie lieber Obstsaft ohne Zucker als Softdrinks mit Zucker.

Richten Sie für den Kindergeburtstag zwei Räume mit unterschiedlicher Atmosphäre her: einen kuscheligen Yin-Raum für Kinder, die lieber still vor sich hin spielen oder eine Geschichte anhören, und einen farbenfrohen Yang-Raum für ausgelassene gemeinsame Spiele.

Problem

Ich organisiere eine Geburtstagsfeier für meine Eltern. Wie kann Feng Shui mir bei der Auswahl eines geeigneten Restaurants helfen?

Lösung

Es kommt darauf an, was für eine Feier Sie planen. Wenn Sie an einen turbulenten, aufregenden Abend mit vielen Freunden und Bekannten denken, die Ihre Eltern eine Zeit lang nicht gesehen haben, ist ein Yang-betontes Restaurant besser.

Wenn Sie dagegen ein entspanntes, gemütliches Treffen im engeren Familienkreis ins Auge gefasst haben, kommt eher ein Yin-betontes Restaurant in Betracht.

Ein Yang-Restaurant hat viel freie Fläche, große Fenster, eine helle Beleuchtung, eine hohe Decke und eine Einrichtung in kräftigen Farben, zum Beispiel Rot, Purpur und Gelb. Glänzende Holz- oder Steinfußböden, Marmortische, große Spiegel und blinkende Oberflächen aus Metall lassen das Chi schneller fließen und verstärken die Yang-Atmosphäre. Glänzendes Besteck, funkelnde Gläser und Blumen in leuchtenden Farben sind weitere Yang-Charakteristika, die außerdem die Festlichkeit des Anlasses betonen.

In einem Yin-Restaurant sind die Farben pastellig, etwa Blassgrün, Bleu, Rosé oder Creme, die Sitzgelegenheiten weich und gepolstert und die Tischdecken und Servietten aus Stoff. Kerzen, Wandleuchten oder Tischlampen geben ein sanftes Streulicht ab.

Ob Sie nun eine Yin- oder eine Yang-Atmosphäre wählen – achten Sie auf jeden Fall auf große, runde oder ovale Tische, weil an ihnen der Kontakt zwischen den Gästen besser klappt. Wenn es sich so arrangieren lässt, sollten Ihre Eltern im Nordwesten der Tafel mit Blick nach Südosten sitzen – die ihrer Führungsrolle entsprechende, Respekt einflößende Chi-Energie des Nordwestens strömt ihnen dann vermehrt zu.

Muster und Formen

Die Muster auf Tapeten, Vorhängen, Kissen, Polstern und Kleidungsstücken können die Atmosphäre eines Raumes verändern. Da jedes Muster entweder mehr zu Yin oder zu Yang tendiert und einen Bezug zu einem der Fünf Elemente hat, erzeugt es eine ganz bestimmte Chi-Energie.

Die Wirkung eines Musters auf die Atmosphäre im Raum ist subtil, kann aber in Verbindung mit der passenden Farbe (siehe S. 114–115) stärker werden. Wenn Muster und Farbe Yang-betont sind, etwa Rauten in Rot und Gelb, wird die Atmosphäre des Raums stärker verändert als bei einem einfarbigen Rautenmuster.

Muster im ganzen Haus

Weil Muster die Chi-Energie in Ihrer Umgebung und damit Ihre Stimmung beeinflussen, sollten sie immer zu der angestrebten Energie eines Raums passen. Runde Formen zum Beispiel stärken die Energie, die dem Ende des Tages entspricht, und eignen sich deshalb gut für ein im Westen gelegenes Esszimmer. Überlegen Sie auch, ob Sie mit einem unveränderlichen Muster längere Zeit leben können – Teppiche und Tapeten werden Sie wahrscheinlich nicht alle Tage austauschen.

Längsstreifen bauen die Holz-Energie eines Raums auf; da sie optimistisch und beschwingt stimmen und dafür sorgen, dass Sie sich mehr auf Ihre Karriere konzentrieren, eignen sie sich für Arbeitszimmer und Büros. Auch in einer im Osten oder Südosten gelegenen

Schmale, hohe und wellenförmige Muster und Formen erzeugen mehr Yin, kreisförmige, achteckige und quadratische mehr Yang. Lebhafte, komplizierte Muster machen Räume optisch kleiner; Räume ohne Muster wirken größer.

Küche sind sie angebracht, weil sie eine positive, gesunde Atmosphäre herstellen. Längsstreifen geben einem Raum außerdem optisch mehr Höhe – Dielen, Flure, Küchen, Badezimmer und kleine Räume generell profitieren davon.

Zackenmuster, auch in Form von Sternen oder Dreiecken, geben einem Raum mehr Feuer-Energie und machen die Bewohner extravertierter, geselliger, aktiver und geschäftiger. Solche Muster eignen sich deshalb für Räume, in denen Sie anderen Menschen begegnen, zum Beispiel das Wohnzimmer.

Querstreifen, waagerechte Linien oder breite rechteckige Formen stärken die Erd-Chi-Energie und damit die Sesshaftigkeit, Nähe und Gemütlichkeit. Ein Raum mit vielen Querstreifen und breiten Rechtecken wirkt behaglicher, weil die Decke niedriger erscheint. Solche Muster passen deshalb gut fürs Wohnzimmer.

Runde Formen vermehren die Metall-Chi-Energie, die zufriedener macht und den Blick auf das Erreichte lenkt. Ein Raum mit vielen runden Mustern hat etwas so Vollendetes, wie es das Ende des Tages für Sie haben sollte. Solche Muster eignen sich deshalb gut für Arbeits-, Ess- oder Schlafzimmer.

Wellenförmige, marmorierte oder unregelmäßige Muster vermehren die Wasser-Chi-Energie und machen entspannter, friedlicher und spontaner. Das Auftragen der Farbe per Schwamm oder Bürste ergibt solche unregelmäßigen Muster. Die Verwendung von Creme-, Blau- oder Grüntönen betont die beruhigende Wirkung.

Unregelmäßige oder unübliche Muster eignen sich am besten für Schlafzimmer. Strenge, sich oft wiederholende Muster sind Yang-betonter. Bei gegenständlichen Mustern wie Blumen, Sternen oder Monden ist wichtig, dass die Bilder bei Ihnen positive Assoziationen wecken. Sich wiederholende Muster passen am besten für Yang-betonte, offene Bereiche, etwa die Diele.

Von den Fünf Elementen hat jedes einen Bezug zu einer bestimmten Form: Dem Metall entsprechen runde, gewölbte und gebogene Formen, dem Wasser unregelmäßige und gewellte, dem Holz hohe und schmale, dem Feuer spitze, gezackte, rautenförmige und der Erde Karos oder Querstreifen.

Verwandte

Problem

Meine Eltern und meine Schwiegereltern sind häufig bei uns zu Gast. Ich weiß, dass sie mit ihren Enkeln zusammen sein wollen, aber für mich sind ihre Besuche oft stressig und ermüdend. Wie kann Feng Shui das ändern?

Lösung

Die Metall-Chi-Energie des Nordwestens hilft Ihnen, besser zu organisieren und zu planen; außerdem verstärkt diese Energie das Gefühl, die Dinge im Griff zu haben, sodass die Besuche der Verwandten Sie weniger stressen und ermüden.

Sie führen sich diese Energie verstärkt zu, wenn Sie im Nordwesten Ihrer Wohnung die Farben Grau und Silber, eine runde Pendeluhr aus Metall oder andere Gegenstände aus Metall unterbringen. Setzen Sie sich bei den Besuchen möglichst mit Blick in Richtung Nordwesten und stellen Sie sich zur Begrüßung Ihrer Eltern oder Schwiegereltern gleich in den Nordwesten des Raums mit Blick nach Südosten. Das gibt Ihnen mehr Sicherheit.

Aktivieren Sie auch die Erd-Chi-Energie des Südwestens, die eine Atmosphäre erzeugt, in der das Familientreffen jedem Spaß macht. Diese Energie bringen Sie in Schwung, wenn Sie im Südwesten Ihrer Wohnung etwas Gelbes, Beiges oder Braunes platzieren, zum Beispiel gelbe Blumen in einer Terrakottavase; auch Holzkohle auf einem Tonschälchen oder Pflanzschalen mit Polster- und Blühpflanzen eignen sich zur Verstärkung dieser Energie.

Wenn Sie mehr Yin werden, bleiben Sie bei Familientreffen generell entspannter. Das können Sie erreichen, indem Sie regelmäßig mehr Rohkost, Obst, Salat und andere Yin-Nahrungsmittel zu sich nehmen. Langfristig sind Yoga, Tai Chi oder andere meditative und besinnliche Hobbys zu empfehlen; sie stärken das Yin und machen es Ihnen leichter, stressigen Situationen gelassen gegenüberzutreten.

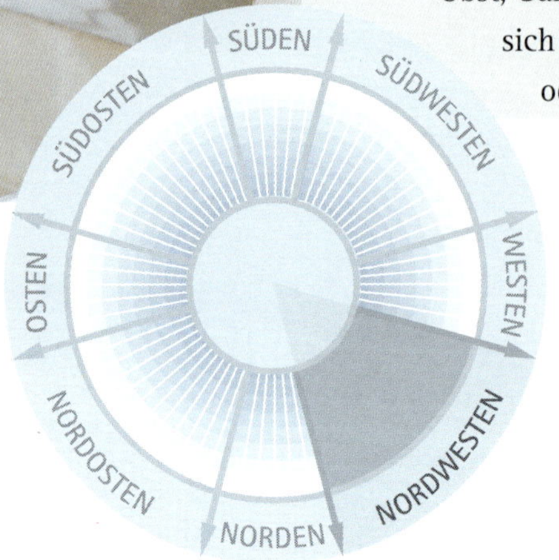

Eine Stärkung der Metall-Chi-Energie des Nordwestens verhindert, dass die Besuche Sie stressen und ermüden. Mehr südwestliche Erd-Chi-Energie sorgt zusätzlich für eine glückliche, angenehme familiäre Atmosphäre.

Problem

Meine Schwiegermutter lebt bei uns. Sie will immer alles bestimmen, und ihre Anwesenheit belastet meine Ehe. Wie kann Feng Shui diese Situation verbessern?

Lösung

Obwohl ich nicht glaube, dass Sie dieses Problem allein mit Feng-Shui-Maßnahmen lösen werden, lässt die Chi-Energie von Ihnen und Ihrer Schwiegermutter sich vielleicht so beeinflussen, dass Ihre missliche Lage sich bessert.

Damit Ihre Energie sich in der Wohnung besser durchsetzt, sollten Sie an solchen Stellen schlafen und sitzen, die Ihr Selbstbewusstsein stärken. Das wäre etwa die Ecke eines Raums, in der Sie von der Tür möglichst weit entfernt sind, diese aber im Blick haben. Günstig ist ein Schlafzimmer im Osten, Südosten oder Nordwesten der Wohnung, denn diese Richtungen bauen das Selbstvertrauen auf. Wenn das nicht machbar ist, sollten Sie wenigstens Ihr Bett so stellen, dass Ihr Kopf beim Schlafen in eine dieser Richtungen zeigt.

Damit Ihre Schwiegermutter zufriedener und entspannter wird, sollte sie unbedingt im Norden oder Westen der Wohnung schlafen, und ihr Kopf sollte dabei in eine dieser Richtungen zeigen. Auch wenn Sie im Familienkreis zusammensitzen, sollte der Blick Ihrer Schwiegermutter nach Norden oder Westen gehen.

Wählen Sie für das Schlafzimmer Ihrer Schwiegermutter friedliche Farben, etwa Creme, Blassgrün oder Pastellblau, und stellen Sie Pflanzen mit breiten, hängenden Blättern hinein, zum Beispiel einen Gummibaum; all dies fördert eine entspannte, ruhige Atmosphäre. Sie selbst dagegen sollten sich mit kräftigen, nach oben strebenden Pflanzen umgeben, beispielsweise mit Farnen, Palmen und Callas. Das wird Ihre eigene Chi-Energie verstärken.

Um Ihre Führungsrolle im Haushalt zu betonen, können Sie im ganzen Haus Fotos und andere Erinnerungsstücke platzieren, die mit der Familiengeschichte und Ihrer Rolle in der Familie zu tun haben. Die der Mutterrolle entsprechende Chi-Energie regen Sie durch gelbe Blumen oder eine gelb blühende Pflanze in einem Tongefäß im Südwesten der Wohnung an.

Sie wirken selbstbewusster, wenn Sie Kleidung in kräftigem Grün, Purpur oder Rot tragen. Längsstreifen und gut sitzende Kleidungsstücke machen Sie optisch größer, sodass es Ihrer Schwiegermutter schwerer fallen dürfte, Sie zu gängeln. Gold- oder Silberschmuck betont Ihre Würde und trägt dazu bei, dass Ihre Schwiegermutter Ihre Position in der Familie respektiert.

Gold- oder Silberschmuck gibt Ihnen etwas Würdevolles; tragen Sie ihn, damit Ihre Schwiegermutter Ihre Position im Haushalt mehr achtet.

Farben

Die Farben, mit denen Sie einen Raum ausstatten, verändern die in ihm vorhandenen Lichtfrequenzen; dies wirkt sich auf Ihre persönliche Chi-Energie und damit Ihre Gefühle und Gedanken aus.

Jeder der Acht Richtungen wird auch eine bestimmte Farbe zugeordnet, die die Chi-Energie dieser Richtung stärkt. Der Chi-Energie des Südens etwa, die den Ausdruck von Gefühlen und Geselligkeit fördert, entspricht die Farbe Purpur. Wenn Sie mehr aus sich herausgehen wollen, aktivieren Gegenstände in leuchtendem Purpur im Süden Ihrer Wohnung diese günstige Energie. Die Tabelle auf der nächsten Seite zeigt, wie Farben, Himmelsrichtungen und Persönlichkeitsmerkmale korrespondieren. Bitte beachten Sie, dass die von mir verwendeten japanischen Neun-Ki-Farben nicht mit den Fünf-Elemente-Farben identisch sind.

Farben lassen sich nicht nur als Anstrich für Wände, Decken und Böden in einem Raum verwenden, sondern auch in Form von Blumen, Pflanzen, Möbelstücken, Dekostoffen, Bildern und Ziergegenständen. Je kräftiger und leuchtender die Farben sind, desto weniger davon brauchen Sie, um einen Effekt zu erzielen. Ein kleines rotes Kissen etwa beeinflusst einen Raum genauso stark wie ein Sofa oder eine Wand in zartem Rosé.

Farben austauschen

Wenn Sie eine Farbe partout nicht mögen, können Sie sie durch eine andere ersetzen, die demselben Element zugeordnet wird. Die Chi-Energie des Südwestens beispielsweise korrespondiert mit der Farbe Mattschwarz. Wenn Schwarz als Wohnfarbe für Sie zu bedrückend ist, können Sie es durch Gelb oder Weiß ersetzen, die den Chi-Energien der Mitte bzw. des Nordostens entsprechen. Der Tausch ist möglich, weil alle drei Richtungen zum Element Erde gehören.

Farben gehören zu den einfachsten Feng-Shui-Hilfsmitteln, weil sie sich auf unterschiedlichste Weise in Ihre Wohnung einbringen lassen. Blumen sind eine besonders gute Möglichkeit, weil sie außerdem eine lebendige, gesunde Chi-Energie an den Raum abgeben.

Ähnlich kann Grün an die Stelle von Himmelblau treten,

Norden	Nordosten	Osten	Südosten	Süden	Südwesten	Westen	Nordwesten	Mitte
Cremefarbe, transparent oder glänzend. Unabhängig, friedlich, spirituell, flexibel, zärtlich, objektiv	**Schneeweiß.** Motiviert, schnell, leistungsbereit, schlagfertig, scharfsinnig	**Leuchtendes Grün.** Begeistert, ehrgeizig, aktiv, zuversichtllich, zielgerichtet	**Blau oder Dunkelgrün.** Kreativ, phantasievoll, ausdauernd, kommunikativ, sensibel	**Leuchtendes Purpur.** Emotional, ausdrucksstark, großzügig, gesellig, aufgeweckt	**Mattschwarz.** Ruhig, praktisch, realistisch, kontaktfreudig, fürsorglich	**Rosa oder Rostrot.** Zufrieden, romantisch, verspielt, haushälterisch, zielstrebig	**Silber, Grau oder Altweiß.** Selbstsicher, würdig, diszipliniert, planvoll, bestimmend	**Gelb.** Kraftvoll, beweglich, eindringlich, selbstherrlich, wechselhaft

weil die diesen Farben entsprechenden Richtungen (Osten bzw. Südosten) beide einen Bezug zum Element Holz haben. Rot, Rosa, Grau, Silber und Altweiß sind ebenfalls gegeneinander austauschbar, weil den ihnen entsprechenden Richtungen (Westen bzw. Nordwesten) das Element Metall gemeinsam ist.

Nur die Farben Creme und Purpur können nicht durch andere Farben ersetzt werden, weil ihr Element (Wasser bzw. Feuer) nur mit einer Richtung korrespondiert.

Wenn Sie zusätzlich mit den beiden Kreisläufen der Fünf Elemente arbeiten (siehe S. 30), können Sie mithilfe von Farben auch die Chi-Energien anderer Richtungen stärken oder schwächen, und zwar wie folgt: Osten und Südosten – Stärkung durch Cremefarbe, Schwächung durch blasses Purpur; Süden – Stärkung durch Grün und Himmelblau, Schwächung durch Blassgelb; Südwesten, Nordosten und Mitte – Stärkung durch leuchtendes Purpur, Schwächung durch Grau oder Rosa; Westen und Nordwesten – Stärkung durch leuchtendes Gelb, Schwächung durch Cremefarbe; Norden – Stärkung durch Rot, Schwächung durch Blassgrün oder Blau.

Da der Chi-Energie jeder Richtung eine Farbe entspricht, können Sie mit ihrer Hilfe in einem Raum die passende Chi-Energie betonen. Grün und Blau etwa eignen sich für eine Küche im Südosten.

Kinder

Problem

Meine Frau hat so viel Angst um die Kinder, dass sie vieles nicht dürfen. Diese Haltung färbt auf die Kinder ab, die jetzt auch ängstlich werden. Wie kann Feng Shui das ändern?

Lösung

Im Feng Shui wird Besorgnis mit der Wasser-Chi-Energie des Nordens in Verbindung gebracht. Wenn Ihre Frau schon immer vorsichtig und ängstlich war, ist dieser Charakterzug wahrscheinlich schwer zu verändern. Aber wenn sie selbst von diesem Verhalten wegkommen und Feng Shui ausprobieren möchte, sollte sie diese Energie reduzieren. Gleichzeitig ist eine Stärkung der Holz-Energie des Ostens ratsam, weil sie die Wasser-Chi-Energie absorbiert.

Wenn die Vorderfront Ihres Hauses oder die Eingangstür nach Norden weist, fließt die entsprechende Energie Ihnen bereits im Übermaß zu. Lenken Sie sie ab, indem Sie die Eingangstür grün streichen. Diese Farbe entspricht der Holz-Chi-Energie, die die Wasser-Chi-Energie in sich aufnimmt. Eine ähnliche Wirkung haben ein innen an der Tür angebrachtes Windspiel aus Holz, gesunde Pflanzen und generell alles, was grün oder aus Holz ist und an der Frontseite des Hauses platziert wird.

Damit Ihre Frau nachts keine nördliche Chi-Energie aufnimmt, sollte ihr Kopf beim Schlafen nicht in diese Richtung zeigen. Ungünstig wäre auch, wenn sie tagsüber beim entspannten Sitzen in diese Richtung sieht. Als Schlaf- und Blickrichtung besser geeignet ist der Osten, der die Wasser-Chi-Energie verringert und zuversichtlich, unternehmungslustig und optimistisch macht. Auch ein Zimmerbrunnen, hohe Pflanzen sowie Dekostoffe und Ziergegenstände in kräftigem Grün, die Sie im Osten der Wohnung unterbringen, bauen die Holz-Chi-Energie auf.

Damit sich im Norden nicht zu viel Wasser-Chi-Energie ansammelt, sollten Sie dort hohe Pflanzen aufstellen. Wenn das Bad in dieser Richtung liegt, ist das Risiko größer, dass Feuchtigkeit sich festsetzt und negatives, stagnierendes Chi erzeugt. Ein solches Bad sollte immer gut gelüftet, möglichst trocken und aufgeräumt sein und viele Pflanzen enthalten, die die überschüssige Feuchtigkeit absorbieren; für lichtarme Räume eignet sich zum Beispiel Efeu.

In einem Jahr, in dem die Neun-Ki-Zahl Ihrer Frau im Norden liegt, wird es ihr besonders schwer fallen, ihre gewohnheitsmäßige Besorgnis abzulegen. Am ehesten gelingt es ihr, wenn ihre Neun-Ki-Zahl den Osten, Südosten oder Westen besetzt.

Problem

Ich mache mir Sorgen, weil mein Mann die Kinder kaum sieht. Wenn er nach Hause kommt, schlafen sie schon, und am Wochenende ist er zu beschäftigt oder zu müde, um mit ihnen zu spielen. Kann Feng Shui das ändern?

Lösung

Ihr Mann wird sich eher mit den Kindern beschäftigen, wenn die Zeit, die er jetzt schon mit ihnen verbringt, ihm Spaß macht. Das erreichen Sie, indem Sie die verspielte, jugendliche Energie des Westens in Ihrer Wohnung stärken. Auch mehr von der ruhigen südwestlichen Chi-Energie wäre gut, weil sie der traditionellen Mutterrolle entspricht, auch Ihren Mann fürsorglicher und einfühlsamer macht und den Familiensinn fördert.

Mehr westliche Chi-Energie nimmt Ihr Mann auf, wenn sein Kopf beim Schlafen in diese Richtung zeigt und er im Ess- oder Wohnzimmer mit Blick nach Westen sitzt. Die zum Westen gehörenden Farben Rot und Rosa können Sie in Form von Vorhängen, Kissen oder Blumen in diesen Bereich holen; oder bringen Sie dort Kunstgegenstände aus Metall, eine Geldbaumpflanze, Brettspiele und Spielzeuge unter, die Ihrem Mann und Ihren Kindern Spaß machen. All das wird die wohltätige westliche Chi-Energie stärken.

Die fürsorgliche Chi-Energie des Südwestens wird angeregt, wenn Ihr Mann mit dem Kopf nach Südwesten schläft. Günstig sind auch gelbe Blumen in einer Tonvase, Holzkohle in einem Tonschälchen oder Kerzenlicht in diesem Bereich. Familienfotos und von den Kindern fabrizierte Kunstwerke sind dort ebenfalls bestens aufgehoben.

Ihr Mann wird wahrscheinlich mehr Zeit mit seinen Kindern verbringen, wenn seine Neun-Ki-Zahl im Südwesten, Westen oder Südosten liegt.

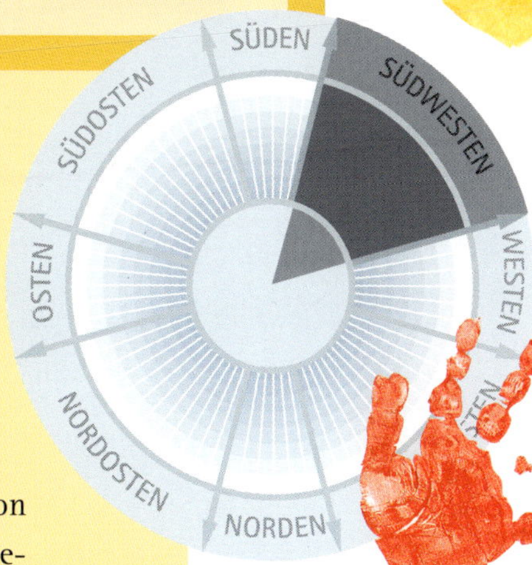

Die Chi-Energie des Südwestens gibt dem Familiensinn Auftrieb – platzieren Sie dort gut sichtbar Familienfotos und die Kunstwerke Ihrer Kinder.

Problem

Meine Frau ist neuerdings ziemlich nervös und reizbar und nörgelt an den Kindern herum. Ich habe Angst, dass das die Kinder aus dem Haus treibt. Wie kann ich das verhindern?

Lösung

Menschen, die andere nach ihrer Pfeife tanzen lassen wollen, sind im Allgemeinen zu Yang-betont. Auch eine Yang-lastige Umgebung kann angespannt und reizbar machen. Wenn Ihre Frau sich nicht mehr so über die Kinder aufregen und ruhiger werden will, sollte sie sich mit mehr Yin umgeben.

Bei zu viel nordwestlicher Chi-Energie neigen Menschen ebenfalls dazu, anderen zu sagen, was sie zu tun haben, weil das Chi dieser Richtung dem Vater und damit dem Führen und Herrschen entspricht. Also weisen Sie diese Energie in die Schranken und vermehren Sie stattdessen die Chi-Energien des Westens, Nordens und Südostens, die für Verspieltheit, Friedfertigkeit und Optimismus stehen.

Ihre Frau ist von mehr Yin umgeben, wenn blasse Blau-, Grün- und Cremetöne in Ihrer Wohnung dominieren und weiche Polstermöbel und große Kissen eine behagliche Yin-Atmosphäre schaffen.

Eine Ernährung mit viel Gemüse, Salat und Obst sowie entspannende Hobbys, etwa Yoga, Tai Chi oder Meditation, geben Ihrer Frau langfristig ebenfalls mehr Yin-Qualitäten.

Um die Zufuhr an nordwestlicher Chi-Energie so weit wie möglich zu reduzieren, sollten Sie Ihre Betten so stellen, dass sie nicht mit dem Kopf in dieser Richtung schläft. Da der Nordwesten einen Bezug zum Element Metall hat, wäre es auch ratsam, auf Möbel, Oberflächen und Ziergegenstände aus Metall weitgehend zu verzichten. Platzieren Sie eher etwas Cremefarbenes oder Gegenstände mit runden Formen im Nordwesten.

Die günstigen Chi-Energien des Westens, Nordens und Südostens stärken Sie durch eine Glasvase mit roten oder rosafarbenen Blumen im Westen, einen von der Decke hängenden Kristall im Norden bzw. ein unbewegtes Wasserobjekt im Südosten der Wohnung.

Problem

Meine Kinder haben ständig Streit miteinander: Sie zanken sich um Spielzeug und geraten sich bei gemeinsamen Spielen in die Haare. Was kann ich tun, damit sie besser miteinander auskommen?

Lösung

Kinder streiten eher miteinander, wenn sie unruhig, frustriert und gelangweilt sind. Damit sie zufriedener werden, sollten Sie ihre Energien auf etwas Konstruktives lenken. Wenn Ihre Kinder nur zu Hause oder in einem bestimmten Zimmer streiten, ist zu überlegen, ob Sie nicht die ganze Wohnung oder das entsprechende Zimmer so umgestalten, dass eine friedlichere Atmosphäre entsteht.

Wenn das Spielzimmer im Nordosten liegt, fließt Ihren Kindern eine konkurrenzorientierte Energie zu, die Streitsucht wahrscheinlicher und die Bereitschaft zum Teilen unwahrscheinlicher macht. Diese Energie beruhigen Sie, wenn Sie kleine weiße Porzellanschälchen mit zwei Teelöffeln Meersalz im Nordosten und im Südwesten des Spielzimmers aufstellen. Auch die Farben Rosa und Grau dämpfen die aggressive nordöstliche Energie. Ideale Richtungen für ein Spielzimmer sind der Westen, der Osten und der Südosten.

Eine beruhigendere Atmosphäre entsteht, wenn Sie die Wände im Kinderzimmer blassgrün oder -blau streichen und generell pastellige Farben verwenden. Lassen Sie feurig Rotes oder leuchtend Purpurfarbenes möglichst aus diesem Raum heraus – diese aufdringlichen Yang-Farben verleiten eher zu Aggressivität. Wählen Sie für die Kleidung Ihrer Kleinen reine Baumwolle oder andere Naturfasern; Synthetik lädt sich statisch auf, was die persönliche Chi-Energie durcheinander bringt. Machen Sie die Fenster auf, wenn Sie merken, dass Ihre Kinder unruhig werden, und lassen Sie frische Luft herein.

Zimmerpflanzen holen die Natur ins Haus, sodass die Kinder sich weniger beengt fühlen. Die Wirkung der Pflanzen hängt unter anderem von der Form ihrer Blätter und Blüten ab. Probieren Sie selbst aus, was Ihren Kindern hilft. Pflanzen mit hängenden, rundlichen Blättern sind eher beruhigend und deshalb günstiger als Pflanzen mit scharfen Kanten, die Spannung erzeugen.

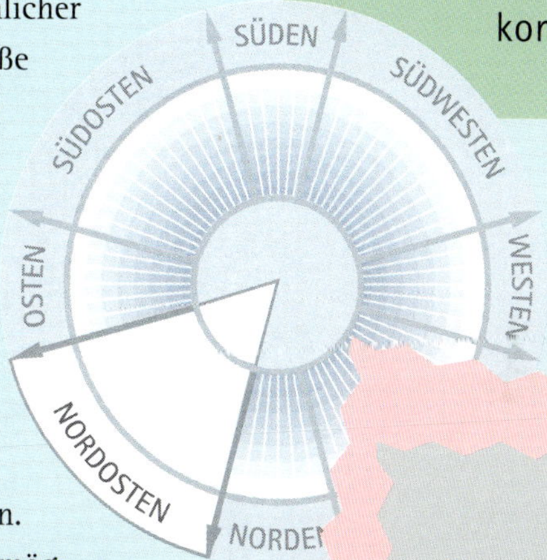

Ein Spielzimmer im Nordosten führt Ihren Kindern eine aggressive, konkurrenzorientierte Energie zu. Zarte Rosé- und Grautöne in dieser Richtung dämpfen sie. Auch pastellfarbene Kleidung aus Naturfasern ist zu empfehlen.

Problem

Mein Baby wacht nachts oft weinend auf, und meine älteren Kinder, die vorher durchgeschlafen haben, werden dadurch wach und kommen zu uns ins Bett. Was würde uns allen zu einem besseren Schlaf verhelfen?

Lösung

Oft können Kinder nicht einschlafen, weil sie zu aufgedreht sind und ihnen alles Mögliche im Kopf herumschwirrt. Im Feng Shui wird deshalb geraten, zur Schlafenszeit die Chi-Energie der Kinder nach unten, das heißt aus dem Kopf herauszubefördern. Auch eine Yin-betonte Atmosphäre trägt dazu bei, dass die Kinder leichter einschlafen.

Damit die Chi-Energie sich vom Kopf Richtung Füße bewegt, empfiehlt sich ein warmes Bad unmittelbar vor dem Schlafengehen. Geben Sie ein oder zwei Tropfen eines beruhigenden Aromaöls ins Badewasser, dann müsste die Entspannung auf jeden Fall zum Schlafen reichen. Wenn das Bad bei Kerzenlicht und nicht bei elektrischem Licht stattfindet, wirkt es noch dämpfender und hat für die Kinder zudem etwas Verzaubertes. Achten Sie darauf, dass die Kerzen kindersicher installiert sind, damit es keine Unfälle gibt.

Mehr beruhigende Yin-Energie im Kinderschlafzimmer entsteht durch die Farben Lindgrün, Blassblau und Creme. Synthetikbettwäsche gibt elektromagnetische Strahlung ab und kann die Entspannung beeinträchtigen – verwenden Sie lieber Bettwäsche aus 100 % Baumwolle und ein Daunen- oder Seidenoberbett. Holz ist ein Yin-Material; ein Bett mit Holzrahmen und Lattenrost ist deshalb besser als ein Bett mit Metallteilen. Damit Ihre Kinder im Schlaf eine friedliche Energie aufnehmen, sollten sie mit dem Kopf nach Norden, Nordwesten oder Westen schlafen.

Besser nicht

Geben Sie Ihren Kindern vor dem Schlafengehen nichts Süßes und lassen Sie sie keine dramatischen oder erschreckenden Fernsehsendungen ansehen. Sie bringen den Denkapparat auf Touren, sodass das Entspannen und Einschlafen schwerer fallen.

Problem

Meine halbwüchsigen Kinder sind in der Schule nicht besonders gut. Wie soll ich ihren Arbeitsbereich einrichten, damit sie besser werden?

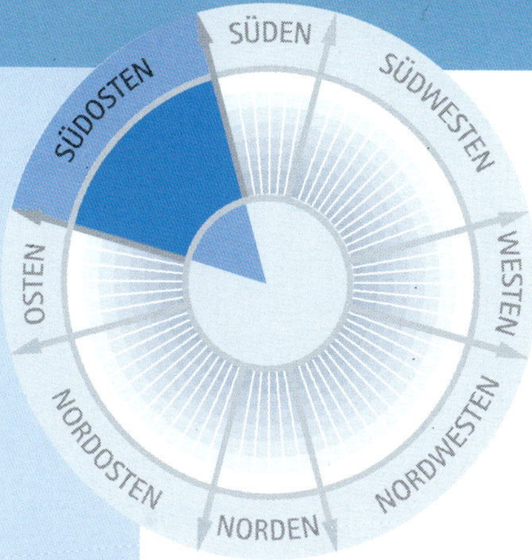

Lösung

Mit ein bisschen mehr Yang arbeiten Ihre Kinder konzentrierter und planvoller und nehmen die Schule und ihre Hausaufgaben generell ernster. Zu viel Yang allerdings kann sie rastlos machen, sodass sie lieber nach draußen wollen. Wichtig ist das richtige Gleichgewicht.

In Bezug auf die Yang-Energie stellt dieses Gleichgewicht sich ein, wenn der Schreibtisch Ihrer Kinder sauber und aufgeräumt ist. Eine beengte, unordentliche Umgebung erstickt die Produktivität. Die Chi-Energie fließt auch reibungsloser, wenn der Fußboden und der Schreibtisch aus Holz und andere Oberflächen möglichst glatt sind.

Die Richtung, in die Ihre Kinder vom Schreibtisch aus sehen, fördert die entsprechenden Chi-Energien und hat ihnen unterschiedliche Vorteile zu bieten: Der Blick nach Osten fördert Konzentration, Präzision und Lerneifer; der Südosten macht kreativer, phantasievoller und beharrlicher; der Süden unterstützt eine schnelle Auffassungsgabe und macht stolz auf die geleistete Arbeit; der Südwesten aktiviert die Fähigkeiten, die für praktische Untersuchungen und eine gute Arbeit erforderlich sind; der Blick nach Westen sorgt für mehr Spaß an der Arbeit und die reibungslose Fertigstellung von Projekten; der Nordwesten macht planvoller, ernster und verantwortungsbewusster, der Norden unabhängiger und origineller; der Blick nach Nordosten schließlich regt dazu an, der oder die Beste sein zu wollen und hart zu arbeiten.

Wenn Sie herausgefunden haben, welche Energie für die Entwicklung Ihrer Kinder am sinnvollsten wäre, können Sie deren Schreibtische so umstellen, dass sie in die entsprechende Richtung sehen und diese Energie vermehrt aufnehmen, während sie ihre Hausaufgaben machen.

Jede Richtung, in die Ihre Schulkinder vom Schreibtisch aus sehen, hat einen anderen Vorteil. Der Südosten etwa fördert Kreativität und Ausdauer.

Problem

Meine Kinder sind sehr unordentlich und lassen Kleidungsstücke und Bücher im ganzen Haus herumliegen. Wie kann ich ihnen beibringen, besser Ordnung zu halten?

Gesunder Menschenverstand

Wenn Sie im Rest des Hauses mit gutem Beispiel vorangehen, lernen Ihre Kinder, ordentlicher zu sein. Sorgen Sie auch dafür, dass sie in ihrem Zimmer genügend Stauraum haben, um ihre Sachen unterzubringen.

Lösung

Am günstigsten dafür sind die nordwestliche und die nordöstliche Chi-Energie. Der Nordwesten hat mit Struktur, Selbstdisziplin und Verantwortungsgefühl zu tun, der Nordosten mit Klarheit, Schärfe und Präzision. Wenn Ihre Kinder diese beiden Energien etwas mehr aufnehmen, gehen sie mit dem eigenen Raum ordentlicher um. Auch eine Spur mehr Yang ist vorteilhaft, weil Yang-betonte Menschen sich in einer chaotischen Umgebung nicht wohl fühlen.

Ihre Kinder nehmen mehr nordwestliche Chi-Energie auf, wenn Sie im Nordwesten ihres Zimmers eine runde Uhr mit möglichst vielen Metallteilen aufstellen – eine Pendeluhr wäre ideal. Oder staffieren Sie diesen Bereich mit Dekostoffen in Grau und Silber oder runden oder metallenen Gegenständen aus.

Der nordöstlichen Chi-Energie verschaffen Sie mithilfe weißer Bergkristalle mehr Einfluss, die Sie im Zimmer der Kinder im Nordosten platzieren; Schneeweiß, Längsstreifen und Gegenstände aus Stein geben dieser Energie generell Auftrieb.

Beide Energien fließen Ihren Kindern vermehrt zu, wenn ihr Kopf beim Schlafen in eine dieser Richtungen zeigt oder sie mit Blick nach Nordwesten oder Nordosten am Schreibtisch sitzen.

Ihre Kinder werden auch Yang-betonter, wenn sie dicke Gemüsesuppen, heiße Fischgerichte und andere Yang-Speisen essen. Auf alles, was Zucker enthält, sollten sie dagegen verzichten, denn es erzeugt Yin.

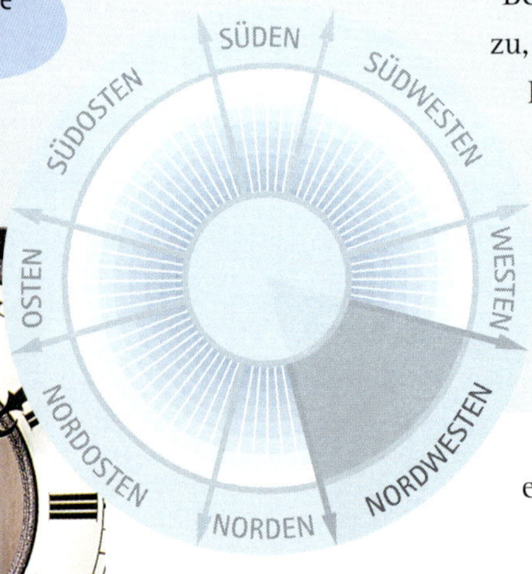

Sie regen Ihre Kinder zu mehr Ordentlichkeit an, wenn Sie sie mit mehr nordwestlicher Chi-Energie umgeben. Stellen Sie dazu Gegenstände, die rund oder aus Metall sind, etwa eine Pendeluhr, in den Nordwesten der Wohnung.

Problem

Meine Kinder sind furchtbar schüchtern und brechen sehr leicht in Tränen aus. Wie kann ich das mit Feng Shui ändern?

Lösung

Schüchterne, leicht aus der Fassung zu bringende Menschen sind im Allgemeinen Yin-lastig. Damit Ihre Kinder selbstbewusster und extravertierter werden, brauchen sie daher mehr Yang, etwa in Form von dicken Suppen, Eintöpfen und Getreide. Yin-Nahrungsmittel dagegen, das heißt Rohes, Kaltes und Süßes inklusive Softdrinks, sollten für sie tabu sein.

Verändern Sie außerdem die Umgebung Ihrer Kinder so, dass ihnen mehr Yang zufließt, etwa indem Sie ihnen viel freie Fläche zur Verfügung stellen. Begrenzen Sie das Durcheinander in ihren Schlafzimmern und halten Sie sie dazu an, jeden Tag nach draußen an die frische Luft zu gehen. Wenn sie sich körperlich austoben, aktiviert sie das, sodass sie anschließend vielleicht auch mehr reden. Kräftige Farben, glänzende Gegenstände und viel Licht tragen ebenfalls zu einer Stärkung der Yang-Atmosphäre bei.

Die Chi-Energien des Ostens, Nordostens und Südens haben mit Selbstvertrauen, Motivation und Mitteilsamkeit zu tun. Sie werden verstärkt, wenn die Kinder mit dem Kopf in einer dieser Richtungen schlafen.

In der Wohnung mobilisieren Sie die östliche Chi-Energie durch einen kleinen Zimmerbrunnen im Osten der Wohnung oder auch durch Gegenstände in Grün und hohe, blattreiche Pflanzen. Möbel und Oberflächen aus Holz sind ebenfalls geeignet und beschleunigen zudem den Chi-Fluss.

Die nordöstliche Chi-Energie stärken Sie durch die Farbe Schneeweiß sowie Oberflächen aus Fliesen oder Stein, die die Energie ebenfalls beschleunigen und ihr einen Yang-Charakter geben.

Zur Aktivierung der südlichen Chi-Energie empfehlen sich die Farbe Purpur, helles Licht und Gegenstände mit spitzen Formen, zum Beispiel sternförmige Kerzenhalter. Pflanzen mit spitzen Blättern, etwa Yuccas, sind besonders effektiv, wenn sie im Süden der Wohnung platziert werden.

Ihre Kinder werden Yang-betonter und damit selbstbewusster, wenn in ihrem Schlafzimmer leuchtende Farben dominieren; sorgen Sie für viel Licht und frische Luft, und setzen Sie verstärkt warme Eintöpfe auf den Speiseplan.

Problem

Meine Kinder sind hyperaktiv; sie sind laut und kommen nicht zur Ruhe. Sie bringen kaum ihre Hausaufgaben zu Ende und sind deshalb in der Schule nicht so gut wie erwartet. Wie kann Feng Shui das ändern?

Lösung

Bei zu viel Yang-Energie sind Menschen oft rastlos und hyperaktiv. Deshalb brauchen Ihre Kinder zum Ausgleich mehr Yin. Eine Stärkung der Chi-Energien des Südwestens, Westens, Nordwestens und Nordens kann das Hausaufgabenproblem lösen, weil diese Energien der absteigenden Phase des Sonnenlaufs entsprechen, die eine sesshaftere, ruhigere Chi-Energie erzeugt.

Ihre Kinder sind von mehr Yin umgeben, wenn Dekostoffe und Ziergegenstände in ihrem Zimmer lindgrün, blassblau, rosé oder cremefarben sind. Diese Farben sind auch für die Kleidung zu empfehlen. Statten Sie ihre Zimmer außerdem mit großen Kissen und vielen anderen weichen Wohnaccessoires aus, zum Beispiel flauschigen Vorhängen und Teppichen.

Spiegel im Kinderschlafzimmer beschleunigen den Chi-Fluss und erzeugen eine Yang-lastige Atmosphäre, die Ruhe und Entspannung erschwert. Entfernen Sie sie deshalb mal für eine Weile. Auch die vorstehenden Kanten von Schränken und Schreibtischen geben dem Chi mehr Tempo; stellen Sie buschige Pflanzen vor die Kanten, das bremst den Chi-Fluss.

Die günstigen Chi-Energien des Südwestens, Westens, Nordwestens und Nordens fließen Ihren Kindern verstärkt zu, wenn ihr Kopf beim Schlafen in eine dieser Richtungen zeigt oder sie vom Schreibtisch aus in sie sehen. Achten Sie darauf, dass der Schreibtisch sauber und aufgeräumt ist, damit die Chi-Energie nicht blockiert wird.

Eine beruhigende Yin-Atmosphäre entsteht durch eine indirekte Beleuchtung und Pastellfarben im Schlaf- und Spielzimmer Ihrer Kinder. Auch große Kissen und weiche Stoffe sind günstig.

Problem

Mein Mann und ich sind geschieden, und unsere Kinder verbringen gleich viel Zeit bei jedem von uns. Was kann ich tun, damit sie sich sicher und geborgen fühlen?

Lösung

Wenn die Einrichtung und der Tagesablauf in beiden Haushalten weitgehend ähnlich sind, erleben Ihre Kinder eine Kontinuität, die ihnen Stabilität und Geborgenheit vermittelt. Stimmen Sie mit Ihrem Ex-Mann die Essens- und Schlafenszeiten ab, damit die Kinder, egal wo sie sind, täglich den gleichen Rhythmus haben. Günstig ist es auch, für eine möglichst gleiche Ausstattung des Schlafzimmers zu sorgen, etwa für gleiche Bettwäsche oder gleiches Spielzeug; das gibt den Kindern ein Gefühl der Vertrautheit, wenn sie von einer Wohnung in die andere wechseln.

Eine Feng-Shui-Maßnahme bei diesem Problem wäre, Ihre Kinder mit mehr östlicher und südwestlicher Chi-Energie zu umgeben. Erstere macht zuversichtlicher und optimistischer, Letztere baut Geborgenheit und Stabilität auf.

Mehr östliche Chi-Energie fließt Ihren Kindern zu, wenn Sie für ihre Zimmer Dekostoffe und Ziergegenstände in Grün wählen, dort viele gesunde Pflanzen aufstellen oder ein Wasserobjekt, etwa ein Aquarium, im Osten des Schlafzimmers platzieren.

Zur Anregung der südwestlichen Chi-Energie empfiehlt sich ein Tonschälchen mit etwas Holzkohle im Südwesten des Kinderschlafzimmers. Auch zwei Porzellanschälchen, mit einem oder zwei Esslöffeln Meersalz, die Sie in den Südwesten und in den Nordosten des Kinderschlafzimmers stellen, stabilisieren die südwestliche Chi-Energie und helfen Ihren Kindern, sich geborgen zu fühlen.

Problem

Neuerdings führt meine Tochter sich ihrem Bruder und ihren Eltern gegenüber wie eine kleine Tyrannin auf. Was könnte die Situation verbessern?

Damit Ihre Tochter passiver, das heißt Yin-betonter wird, sollte sie viel Obst und Gemüse essen. Streichen Sie ihr Zimmer in Pastellfarben und halten Sie sie dazu an, still für sich zu spielen.

Lösung

Im Feng Shui ist der Wunsch, über andere zu bestimmen, Zeichen für einen Yang-Charakter und einen Überschuss an nordwestlicher Chi-Energie. Der Nordwesten entspricht Eigenschaften, die der traditionellen Vaterrolle zugeordnet werden, zum Beispiel Organisation und Dominanz. Erwachsene können vom Chi dieser Richtung profitieren, aber Kinder sind noch nicht reif für sie. Um die Herrschsucht Ihrer Tochter zu bremsen, sollten deshalb der nordwestlichen Chi-Energie Zügel angelegt und dem Yin-Einfluss mehr Spielraum gegeben werden.

Wenn Ihre Tochter mit dem Kopf nach Nordwesten schläft oder ihr Schlafzimmer im Nordwesten der Wohnung liegt, nimmt sie die entsprechende Energie nachts vermehrt auf. Korrigieren Sie dies, indem Sie mit ihr das Schlafzimmer tauschen (in der Feng-Shui-Tradition wird ein Schlafzimmer im Nordwesten vom Haushaltsvorstand bewohnt) oder ihr Bett so umstellen, dass ihr Kopf beim Schlafen nach Westen, Südwesten oder Osten zeigt – diese Richtungen haben mit Jugendlichkeit, Verspieltheit und Kreativität zu tun.

Mit passiver Yin-Energie umgeben Sie Ihre Tochter, wenn Sie Cremefarbenes und spitzenbesetzte Stoffe in ihr Zimmer holen. Regen Sie sie dazu an, pastellfarbene Kleidung zu tragen, etwa blasse Blau-, Rosa- und Grüntöne. Auch Pflanzen mit breiten, hängenden Blättern, große weiche Kissen und Stoffe aus Naturfasern in ihrem Schlafzimmer intensivieren die Yin-Energie dieses Raums. Legen Sie weiche Teppiche oder Stoffe aus Naturfasern auf harte, glänzende Oberflächen, damit keine rasch dahinrauschende Yang-Energie entsteht.

Langfristig empfehlen sich für Ihre Tochter ruhige Yin-Beschäftigungen wie Lesen oder Malen und eine Yin-betonte Ernährung mit viel Gemüse und Obst und wenig Fleisch, Eiern und Salzigem.

Problem

Meine Kinder sehen lieber fern oder spielen Computerspiele, als sich zu bewegen. Wie kann ich die Atmosphäre in unserer Wohnung so verändern, dass sie keine Stubenhocker werden?

Lösung

Die Chi-Energie des Ostens, dem als Symbol der Donner zugeordnet wird, regt Ihre Kinder dazu an, aktiver, lebhafter und unternehmungslustiger zu sein. Auch in einer dynamischeren, Yang-betonteren Umgebung sind sie weniger geneigt, immer nur in der Wohnung herumzusitzen.

Die östliche Chi-Energie vermehren Sie durch ein bewegtes Wasserobjekt, etwa einen kleinen Zimmerbrunnen, und hohe Pflanzen im Osten der Wohnung oder des Kinderschlafzimmers. Wählen Sie für diesen Raum Bettwäsche und Dekostoffe in leuchtendem Grün. Da die östliche Chi-Energie einen Bezug zum Element Holz hat, sollten die Möbel im Kinderschlafzimmer oder generell im Osten der Wohnung aus massivem Holz sein.

Ihre Kinder nehmen die östliche Chi-Energie im Schlaf auf, wenn der Kopfteil ihres Bettes in diese Richtung weist. Wenn das nicht machbar ist, kommen alternativ der Nordosten, der Südosten oder der Süden in Frage – sie entsprechen ebenfalls aktiven Energien.

Schlaf- und Spielzimmer Ihrer Kinder werden Yang-betonter, wenn diese Räume sauber und aufgeräumt sind. Freie Flächen, besonders in der Raummitte, fördern einen ungehinderten Chi-Fluss und damit den Yang-Charakter. Machen Sie jeden Tag die Fenster auf, damit frische Luft hereinkommt und das Chi in Bewegung bleibt.

Auch eine Yang-betontere Ernährung mit mehr Getreide, Gemüse und Fisch und weniger Eiscreme, Süßigkeiten und Softdrinks – die alle Yin-lastig sind – macht Ihre Kinder aktiver und beweglicher.

Problem

Seit der Geburt meines zweiten Kindes macht mein Dreijähriger Probleme. Was kann ich tun, damit er weniger eifersüchtig ist?

Lösung

Die meisten Kinder sind eifersüchtig, wenn ihre Eltern sich plötzlich nicht mehr nur um sie kümmern, aber wenn zu viel Erd-Chi-Energie Ihren Ältesten umgibt, kann die Situation eskalieren. Die Chi-Energien des Südwestens, des Nordostens und der Mitte werden dem Element Erde zugeordnet und sollten daher reduziert werden. Die Südwest-Energie kann Ihr Kind außerdem extrem unsicher und anhänglich machen; die Nordost-Energie lässt es stärker um Aufmerksamkeit konkurrieren, und zu viel Mitte-Chi verstärkt seinen Wunsch, im Zentrum der Aufmerksamkeit zu stehen.

Um die Erd-Chi-Energie in der Wohnung zu reduzieren, müssen Sie die Metall-Chi-Energie stärken, denn sie zieht dem Erd-Chi Energie ab. Metall und alles, was rund ist – etwa ein runder Metallübertopf, eine dekorative Silberschale oder eine Metalluhr – sowie graue und silberfarbene Ziergegenstände und Dekostoffe im Südwesten, im Nordosten und in der Mitte Ihrer Wohnung und im Schlafzimmer Ihres Ältesten regen die Metall-Chi-Energie an. Die Mitte Ihrer Wohnung und die Mitte des Zimmers Ihres Ältesten sollten möglichst frei bleiben, damit die negative Erd-Chi-Energie keine Chance hat, sich breit zu machen.

Da die westliche Chi-Energie mit Zufriedenheit, Verspieltheit und Gelassenheit zu tun hat, trägt sie ebenfalls dazu bei, die Eifersucht Ihres Ältesten zu vermindern. Ihr Sprössling nimmt diese Energie auf, wenn er mit dem Kopf nach Westen schläft und im Westen seines Schlafzimmers hohe Pflanzen oder rote Blumen in einer Metallvase stehen.

Besser nicht

Die südwestliche und die nordöstliche Chi-Energie können Eifersucht fördern; achten Sie darauf, dass Ihr Ältester nicht mit dem Kopf in einer dieser Richtungen schläft.

Platzieren Sie Dinge, die rund und/oder aus Metall sind, im Südwesten, im Nordosten und in der Mitte des Schlafzimmers Ihres Ältesten, damit seine Eifersucht abklingt.

Beruf

5

Arbeit finden

Problem

Ich fange gerade an, nach Arbeit zu suchen. Wie kann ich meine Chancen, einen Job zu finden, verbessern?

Lösung

Bei der Suche nach einem Arbeitsplatz kann ein bisschen mehr Yang nicht schaden, denn es macht Sie selbstsicherer und durchsetzungsbereiter. Potenzielle Arbeitgeber halten Yang-betonte Menschen für aufgeweckt, entschlussfreudig und zielorientiert. Auch mehr östliche Chi-Energie ist nützlich, weil sie Begeisterung und Optimismus vermehrt und dafür sorgt, dass Sie motiviert in die Welt hinausgehen.

Damit Sie mehr Yang-Energie aufnehmen, empfiehlt sich ein gründlicher Hausputz: Trennen Sie sich von allem, was nur herumsteht und was Sie nicht mehr brauchen, waschen Sie die Vorhänge, machen Sie auch hinter schweren Möbelstücken sauber und nehmen Sie all die anderen Stellen in Angriff, die Sie normalerweise links liegen lassen. Sorgen Sie für viel freien Platz in der Wohnung, damit die Chi-Energie ungehindert fließen kann, und machen Sie regelmäßig die Fenster auf, damit frische Luft hereinkommt.

Stellen Sie auch Ihre Ernährung auf mehr Yang um – hier sind besonders Fisch, Getreide und Wurzelgemüse zu empfehlen –, fangen Sie mit einem Kampfsport an und treiben Sie generell mehr Sport im Freien.

Zur Ankurbelung der östlichen Chi-Energie können Sie eine Schale mit frischem Wasser oder ein anderes Wasserobjekt in den Osten Ihrer Wohnung stellen; da dieser Richtung das Element Holz entspricht, unterstützen auch Möbel, Oberflächen und Ziergegenstände aus Holz, hohe Pflanzen oder die Farbe Grün Ihr Ziel, wenn sie im Osten der Wohnung platziert werden.

Nachts nehmen Sie mehr östliche Chi-Energie auf, wenn Ihr Kopf beim Schlafen Richtung Osten liegt. Sollte Ihnen diese Richtung nicht zusagen, kommt auch der Südosten in Frage.

Am leichtesten finden Sie einen neuen Arbeitsplatz, wenn Ihre Neun-Ki-Zahl im Osten, Südosten oder Süden liegt.

OSTEN

Problem

Ich bin schon lange arbeitslos und habe Angst davor, mich wieder in den Arbeitsmarkt zu integrieren. Was kann ich tun, um von potenziellen Arbeitgebern eher eingestellt zu werden?

Lösung

Wenn Sie als älterer Mensch nach Arbeit suchen, konzentrieren Sie sich am besten auf Jobs, bei denen Charakteristika der Reife gefragt sind, etwa Weisheit, Lebenserfahrung und viel Verständnis für Kollegen und Kunden. Zur Verbesserung Ihrer Einstellungschancen sollten Sie mehr nordwestliche und mehr südwestliche Chi-Energie aufnehmen – Erstere gibt Ihnen mehr Struktur, Verantwortungsgefühl und Ernst, Letztere stärkt Ihre fürsorgliche, rücksichtsvolle, realistische, praktische und methodische Seite.

Die nordwestliche Chi-Energie aktivieren Sie durch eine runde Pendeluhr aus Metall im Nordwesten Ihrer Wohnung. Da diese Richtung einen Bezug zum Element Metall hat, erhält die entsprechende Energie durch im Nordwesten platzierte Silberschalen, Metallstatuetten oder andere schwere Metallgegenstände mehr Gewicht, oder auch dadurch, dass Sie in diesem Bereich die Farben Altweiß, Grau oder Silber verwenden. Für Ihr persönliches Outfit empfehlen sich Kleidungsstücke in diesen Farben und Metallschmuck.

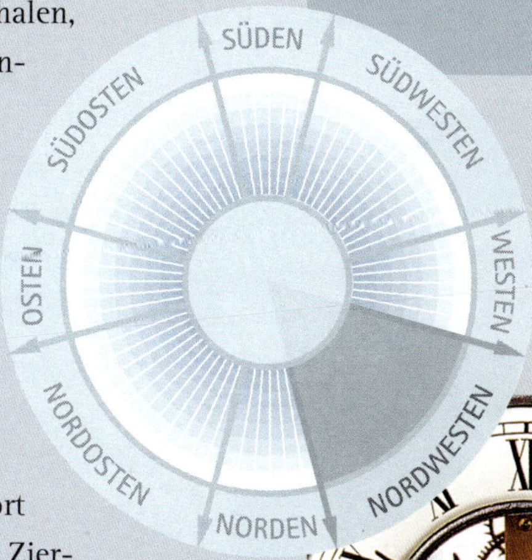

Von mehr südwestlicher Chi-Energie sind Sie umgeben, wenn Sie gelbe Blumen in einer Terrakottavase oder etwas Holzkohle in einem Tonschälchen in den Südwesten Ihrer Wohnung stellen oder dort des Öfteren Kerzen anzünden. Auch Dekostoffe oder Ziergegenstände in Gelb, Beige oder Schwarz in diesem Bereich Ihrer Wohnung sind günstig, genauso wie Kleidungsstücke in diesen Farben.

Eine Aktivierung der nordwestlichen Chi-Energie gibt Ihnen mehr Festigkeit, Würde und Verantwortungsgefühl – attraktive Eigenschaften für potenzielle Arbeitgeber. Platzieren Sie dazu runde Metallgegenstände im Nordwesten Ihrer Wohnung und wählen Sie runde, metallene Accessoires.

Problem

Meine Arbeit ist für mich inzwischen ziemlich eintönig, und ich erwäge einen Berufswechsel. Was würde mir helfen, einen anderen Beruf und den richtigen Zeitpunkt für den Absprung zu finden?

Lösung

Damit Sie generell entschlussfreudiger werden, sollten Sie mehr nordöstliche Chi-Energie aufnehmen. Diese scharfe, durchdringende Energie gleicht dem kalten Nordostwind und sorgt dafür, dass Sie einen klaren Kopf bekommen und neue Chancen wahrnehmen.

Auch eine Stärkung der östlichen Chi-Energie ist sinnvoll, weil sie Begeisterung, Zuversicht und Motivation fördert, die alle für einen Berufswechsel notwendig sind.

Ihre häusliche Umgebung bekommt mehr nordöstliche Chi-Energie, wenn Sie weiße Bergkristalle, Steinobjekte oder Steinflächen in den Nordosten Ihrer Wohnung bringen; auch die Farbe Schneeweiß, Kerzenlicht und spitzblättrige Pflanzen, etwa Yuccas, regen diese Energie an. Tragen Sie weiße Kleidung und schlafen Sie mit dem Kopf nach Nordosten.

Zur Mobilisation der östlichen Chi-Energie können Sie ein Wasserobjekt, etwa eine Schale mit frischem, sauberem Wasser oder ein Aquarium, in den Osten Ihrer Wohnung oder Ihres Büros stellen. Weil dem Osten die Farbe Grün entspricht, sind auch Dekostoffe und Gegenstände in Grün sowie hohe Pflanzen im Osten von Wohnung oder Büro vorteilhaft.

Tragen Sie mehr grüne Kleidungsstücke, setzen Sie sich mit Blick nach Osten an den Schreibtisch und drehen Sie das Kopfende Ihres Bettes in diese Richtung.

Der günstigste Zeitpunkt für einen Berufswechsel ist ein Jahr, in dem Ihre Neun-Ki-Zahl im Osten, Nordosten, Südosten oder Nordwesten liegt.

Problem

Ich habe ein Vorstellungsgespräch für einen neuen Arbeitsplatz und würde gern wissen, wie ich meine Erfolgsaussichten verbessern kann.

Lösung

Ein erfolgreiches Vorstellungsgespräch verlangt im Allgemeinen Selbstvertrauen, Motivation und einen klaren Kopf. Im Feng Shui werden diese Eigenschaften durch die östliche und die südöstliche Chi-Energie aktiviert, die Sie daher verstärkt in Ihre Wohnung bringen sollten.

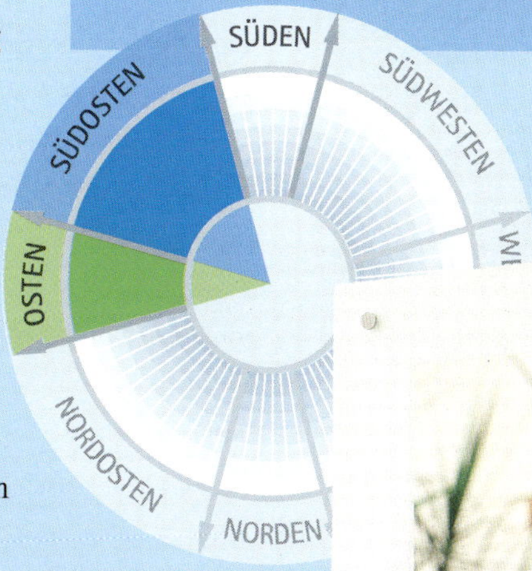

Dazu geeignet ist zum Beispiel ein kleiner Zimmerbrunnen, der in Taillenhöhe auf einem Fensterbrett, Tisch oder Regal im Osten oder Südosten Ihrer Wohnung steht – idealerweise in der Nähe eines Fensters, damit die östliche oder südöstliche Sonne am Morgen auf das Wasser scheint. Alternativ kann es auch eine kleine Schale mit frischem, sauberem Wasser sein, das Sie täglich wechseln.

Die östliche und die südöstliche Energie fließen Ihnen direkter zu, wenn Ihr Kopf beim Schlafen in eine dieser Richtungen zeigt und auch Ihr Blick beim Ausfüllen der Einstellungsfragebögen oder bei Telefonaten mit potenziellen Arbeitgebern in eine dieser Richtungen geht.

Damit im Osten oder Südosten Ihrer Wohnung mehr aufwärts strebende, positive Energie entsteht, sollten Sie dort Blumen oder hohe Pflanzen platzieren oder Spiegel anbringen – die sich aber nicht dem Bett, einer Tür, einem anderen Spiegel oder einem Fenster gegenüber befinden sollten.

Die Farbe Grün gibt generell der Energie Auftrieb, die einem Neubeginn entspricht, und sollte deshalb in Ihrer Wohnung nicht fehlen. Auch ein gründliches Großreinemachen ist eine gute Idee, denn es erneuert die Atmosphäre im Haus, sorgt für bessere Laune und vermittelt Ihnen das Gefühl, bereit für neue Taten zu sein.

Am besten bewerben Sie sich um einen neuen Job, wenn Ihre Neun-Ki-Zahl im Osten oder Südosten liegt.

Ein Spiegel im Osten oder Südosten Ihrer Wohnung erzeugt eine anregende, positive Chi-Energie, die Ihre Aussichten auf einen Arbeitsplatz verbessert.

Materialien

Die verschiedenen Materialien werden in Yin- und Yang-betonte Stoffe eingeteilt. Dem entsprechend können sie den Chi-Fluss im Haus unterschiedlich beeinflussen. Baustoffe, die Yin-betonter sind, etwa Holz und Backstein, lassen die Chi-Energie ruhig und gleichmäßig in ein Gebäude einfließen und bringen die Bewohner dem gesunden Chi von Sonne, Mond und Sternen näher. Yang-Materialien wie Granit und Metall sind eher massiv und machen es der in der Umgebung vorhandenen Chi-Energie schwerer, durch Wände und Decken den Weg ins Haus zu finden. Je dicker die Wände sind, desto stärker ist dieser Effekt im Allgemeinen.

Yin oder Yang?

Wenn das Äußere Ihres Haus aus hartem, glattem Stein besteht, befinden Sie sich im Einflussbereich einer schnell dahinströmenden Yang-Energie. Dicke Außenwände aus Stein schneiden ein Haus außerdem vom Chi der Umgebung ab. Ausgleichend wirken dann viele Fenster, die die Chi-Energie hereinlassen.

Da Ziegelsteine leicht porös sind, »atmet« ein Backsteinhaus das Chi leichter ein und aus als ein Steinhaus. Die Oberfläche von Ziegeln ist jedoch eher rau; dies kann bei Innenwänden den Chi-Fluss verlangsamen und das Risiko erhöhen, dass er schließlich stagniert. Ziegelwände im

Materialien sind entweder Yin- oder Yang-betont: Weichholz, poliertes Hartholz, Stoffe, stumpfes Metall und Matten aus Pflanzenfasern sind Yin-betont; glänzendes Metall, polierter Stein, Marmor, Glas und raues Hartholz sind Yang-betont. Geschäftshäuser bestehen oft aus Yang-Materialien, wie hier das Büro von British Airways in London (links).

Inneren des Hauses sollten deshalb möglichst verputzt werden, damit eine glatte Oberfläche entsteht und das Chi reibungslos fließen kann. Auch ein Gipsputz erlaubt, dass ein Haus die gesunde Chi-Energie der Umgebung einatmet.

Da Holz von lebenden Pflanzen stammt, gilt es als das gesündeste, lebendigste Material, das den Chi-Fluss im Haus günstig beeinflusst. Dunkles Hartholz wie Mahagoni tendiert mehr zu Yang, während helles Weichholz wie Kiefer mehr zu Yin tendiert.

Hohlblocksteine sind heute ein beliebtes Material für moderne Gebäude. Sie bestehen aus vielen kleinen Partikeln auf Zementbasis und gleichen Ziegelsteinen, tendieren jedoch mehr zu Yang. Die Blöcke haben Hohlräume, die oft mit synthetischem Isolierschaum aufgefüllt werden. Da alle synthetischen Materialien den Chi-Fluss behindern, kann ich diesen Baustoff nicht empfehlen.

Glas ist einerseits sehr hart, glänzend und glatt – alles Yang-Eigenschaften –, lässt andererseits aber die Chi-Energie in Form von Licht und Wärme leicht ins Haus hineinfließen. Große Glasflächen beschleunigen den Chi-Fluss; zum Ausgleich eignen sich Pflanzen und Vorhänge.

Das Chi von Nachbargebäuden

Die meisten Geschäftshäuser bestehen aus Yang-Materialien, die meisten Wohnviertel aus Yin-Materialien. Oft haben viele Gebäude eines Viertels eine Außenfront aus demselben Material, sei es nun Holz, Backstein oder Glas. In diesem Fall herrscht im ganzen Viertel eine bestimmte Energie vor.

Wenn in einem überwiegend Yin-geprägten Wohnviertel ein Gebäude aus anderen Materialien steht, etwa ein modernes Bürohaus aus Stahl und Glas, kann dieser Fremdkörper die Anwohner beeinträchtigen – sie werden angespannt, reizbar und aggressiv. Einen solchen Einfluss können Sie neutralisieren, wenn Sie in Ihrem Haus und um es herum mehr Yin-Materialien verwenden.

Die Zuordnung der Materialien zu den Fünf Elementen erlaubt eine noch subtilere Beeinflussung des Chi: Gips, Porzellan, Lehm, Ziegel und Keramik sind Erde; Glas ist Wasser; Holz, Korbgeflecht und Papier sind Holz; rostfreier Stahl, Messing, Eisen und Stein sind Metall. Plastik erzeugt Feuer-Chi, aber seine Verwendung ist nicht ratsam; ersetzen Sie es durch die aufbauende Holz-Energie.

Erfolgreich sein

Problem

Ich habe potenzielle Kunden zum Abendessen zu mir nach Hause eingeladen. Wie kann ich sie beeindrucken und ihnen das Gefühl vermitteln, dass ich der richtige Geschäftspartner für sie bin?

Lösung

Der erste Eindruck hält sich oft am längsten; deshalb schlage ich vor, dass Sie einen gründlichen Hausputz halten. Durch ein solches Großreinemachen bekommt Ihr Zuhause ein attraktives Äußeres, und das ist wahrscheinlich das Erste, was Ihre Gäste bemerken, wenn sie zur Tür hereinkommen. Das Putzen bringt außerdem frisches Chi ins Haus und erzeugt eine lebendige, anregende Atmosphäre.

Als Nächstes sollten Sie sich auf die Tischgestaltung konzentrieren. Die Art des Geschirrs und die Farben der Tischdekoration beeinflussen den Fluss der Chi-Energie am Tisch und damit die Atmosphäre, in der Ihre Gäste sich befinden.

Für ein Geschäftsessen passt am besten eine leicht Yang-betonte Atmosphäre, weil sie für einen klaren Kopf sorgt und präzise Entscheidungen begünstigt.

Damit die Yang-Energie ungehindert fließen kann, sollte auf dem Tisch viel Platz sein; räumen Sie Unnötiges weg und setzen Sie punktuell leuchtende Farben ein, etwa rote Blumen, leuchtend gelbe Servietten oder purpurfarbene Platzdeckchen. Ein konvexer Spiegel unterstützt die Streuung der Chi-Energie und damit eine Yang-Atmosphäre.

Die Richtung, in die Sie und Ihre Gäste vom Esstisch aus blicken, führt ihnen charakteristische Chi-Energien zu, die Ihre Ziele unterstützen können. Wenn Sie beispielsweise eine Geschäftsidee oder einen Arbeitsplan vorschlagen wollen, sollten Sie mit Blick nach Süden oder Südosten sitzen, weil diese Richtungen mit dem Selbstausdruck bzw. Kommunikation zu tun haben.

Wenn Sie Ihre Gäste für Ihre Ideen sensibilisieren wollen, empfiehlt es sich, sie so zu setzen, dass ihr Blick nach Südwesten, Westen, Nordwesten oder Norden geht.

Ein konvexer Spiegel im Esszimmer trägt zu einer günstigen Yang-Atmosphäre bei. Die Richtung, in die Sie und Ihre Gäste vom Esstisch aus sehen, kann Ihren Zielen ebenfalls auf verschiedene Weise nützlich sein (siehe S. 40–41).

Problem

Ich möchte um eine Gehaltserhöhung bitten. Wie kann ich die Chancen, sie zu bekommen, mit Feng Shui vergrößern?

Lösung

Am hilfreichsten für das Aushandeln einer Gehaltserhöhung ist die Chi-Energie des Westens. Sie hat einen Bezug zum Sonnenuntergang und zur Ernte – Zeiten, in denen man traditionell über seine Leistungen nachdenkt und den Lohn harter Arbeit erhält.

Da der westlichen Chi-Energie die Farbe Rot, das Element Metall und runde Formen entsprechen, können Sie sich vermehrt mit dieser Energie umgeben, wenn Sie runde, glänzende Metallmünzen auf einem roten Deckchen in den Westen Ihrer Wohnung oder Ihres Schreibtisches legen oder dort rote Blumen in einer runden Metallvase platzieren. Generell fördern Gegenstände und Stoffe in Rot, Rosa oder Grau im Westen Ihrer Wohnung die Metall-Chi-Energie. Ihr unmittelbares Energiefeld wird verstärkt mit dieser Energie aufgeladen, wenn Sie Schmuck oder Accessoires in Rot oder aus Metall tragen, etwa ein Jackett mit Metallknöpfen oder eine metallene Armbanduhr.

Nachts nehmen Sie mehr westliche Chi-Energie auf, wenn Ihr Kopf beim Schlafen in diese Richtung zeigt. Auch bei längerem Sitzen, etwa bei der Arbeit oder bei der Entspannung zu Hause, sollte Ihr Blick in diese Richtung gehen.

Die besten Chancen für eine Gehaltserhöhung haben Sie, wenn Ihre Neun-Ki-Zahl im Westen liegt. Auch der Nordwesten und der Südosten sind günstige Zeiten für diesen Zweck.

Gesunder Menschenverstand

Die Chancen für eine Gehaltserhöhung sind größer, wenn Sie sich selbst oft an Ihre Fähigkeiten erinnern. Das macht Sie selbstsicherer, und Sie empfinden es nur als recht und billig, wenn Sie mehr Geld verlangen.

WESTEN

Problem

Ich bin selbstständig und muss den Respekt und das Vertrauen anderer Menschen gewinnen, damit ich neue Aufträge bekomme. Ich möchte mehr dafür tun und würde gern wissen, was Feng Shui mir in dieser Richtung zu bieten hat.

Alles, was rot oder rund und aus Metall ist und sich im Nordwesten Ihrer Wohnung befindet, führt Ihnen mehr nordwestliche Chi-Energie zu, die die Entwicklung von Führungsqualitäten unterstützt.

Lösung

Sie werden andere Menschen eher beeindrucken und von ihnen respektiert werden, wenn Sie etwas mehr zu Yang tendieren, denn dann treten Sie selbstbewusster und sicherer auf. Auch mehr nordwestliche Chi-Energie wäre gut, denn sie sorgt für mehr Weisheit und Organisationstalent und gibt Ihnen das Gefühl, Herr der Lage zu sein. Mit diesen Eigenschaften fällt es Ihnen leichter, Ihr Führungspotenzial zu entwickeln, sodass andere Sie als zuverlässigen, verantwortungsbewussten und vertrauenswürdigen Menschen erleben, mit dem sie gern Geschäfte machen.

Sie werden Yang-betonter, wenn Ihre Accessoires – Krawatte, Schal usw. – leuchtende Farben haben und Sie mehr Yang-Lebensmittel essen, etwa Getreide, Fisch und erhitztes Gemüse. Lüften Sie Ihre Wohnung und Ihr Büro gut, halten Sie sich oft draußen auf und treiben Sie regelmäßig im Freien Sport.

Um mehr nordwestliche Chi-Energie aufzunehmen, können Sie runde Gegenstände aus Metall, etwa Silberschalen oder einen Spiegel mit einem runden Silberrahmen, im Nordwesten Ihrer Wohnung oder Ihres Büros platzieren. Stellen Sie leuchtend rote oder purpurfarbene Blumen in einer Metallvase in den nordwestlichen Bereich Ihres Schreibtischs, das erzeugt mehr Yang und gleichzeitig mehr nordwestliche Chi-Energie. Auch eine runde Pendeluhr mit möglichst vielen Metallteilen im Nordwesten Ihrer Wohnung empfehle ich Ihnen, denn das bringt mehr Ordnung in Ihren Tagesablauf, sodass Sie zuverlässiger werden. Grau- und Silbertöne im Nordwesten Ihres Büros können Ihr Ziel ebenfalls unterstützen, weil sie der nordwestlichen Chi-Energie entsprechen.

Versuchen Sie, bei geschäftlichen Besprechungen im Nordwesten des Raums mit Blick nach Süden zu sitzen. Dann müssen Ihre Kunden nach Nordwesten sehen, hin zur Chefposition am Tisch.

Es fällt Ihnen am leichtesten, zuversichtlicher zu werden und Vertrauen anderer Menschen zu gewinnen, wenn Ihre Neun-Ki-Zahl im Nordwesten liegt.

Problem

Ich arbeite seit kurzem von zu Hause aus und wäre für ein paar Feng-Shui-Tipps dankbar, wie ich dabei erfolgreich sein kann.

Lösung

Als Erstes brauchen Sie einen richtigen Bürobereich. Er sollte sich möglichst nicht im Schlafzimmer befinden, weil die Yang-Energie, die Sie für ein Büro brauchen, sich nicht mit dem für einen guten Nachtschlaf erforderlichen Yin-Umfeld verträgt.

Die idealen Himmelsrichtungen für ein Büro sind der Osten, der Südosten, der Westen oder der Nordwesten der Wohnung. Die östliche Chi-Energie stärkt Ihre Zuversicht und Ihre Begeisterung – Eigenschaften, die Sie für den Aufbau einer Firma unbedingt brauchen. Die südöstliche Chi-Energie hilft Ihnen, Ideen zu produzieren und Ihre Vorstellungen effizient und beharrlich zu vermitteln. Die westliche Chi-Energie sorgt dafür, dass Sie Ihr Ziel nicht aus den Augen verlieren und auf die Finanzen achten, und die nordwestliche Chi-Energie trägt dazu bei, dass Sie den Respekt und das Vertrauen Ihrer Kunden erwerben.

Überlegen Sie, welche dieser Eigenschaften Ihnen am meisten weiterhilft, und installieren Sie Ihren Schreibtisch im entsprechenden Bereich des Zimmers. Auch der Blick in eine dieser Richtungen führt Ihnen die zugehörige Energie vermehrt zu. Achten Sie darauf, dass Sie vom Schreibtisch aus die Tür und die Fenster sehen können, obwohl das nicht so wichtig ist wie der richtige Platz und der Blick in eine günstige Richtung.

Der Bürobereich sollte unbedingt sauber und aufgeräumt sein, damit nichts Sie stört. In Schubladen, Aktenschränken und anderen Aufbewahrungsmöbeln kann alles seinen festen Platz haben. Das verringert die Gefahr, dass Chaos sich breit macht und Sie nicht mehr klar denken können. Bringen Sie elektrische Geräte möglichst weit weg von sich unter, damit Sie nicht in den Einflussbereich von Elektrosmog kommen, der Ihre Produktivität beeinträchtigen kann (siehe auch S. 82–83).

Größe und Form

Wenn Sie zu Hause oder im Büro zwecks Problemlösung eine bestimmte Atmosphäre herstellen, sollten Sie daran denken, dass der Chi-Strom durch die Größe des Raums beeinflusst wird. Je größer er ist, desto freier und schneller kann das Chi sich bewegen. Das gilt vor allem, wenn der Raum spärlich möbliert ist. Eine anregende, beflügelnde Yang-Atmosphäre lässt sich deshalb leichter in großen, leeren Räumen herstellen. Ein kleiner Raum verlangsamt den Chi-Fluss, vor allem wenn er viele Möbel enthält, und eignet sich eher für eine gemütliche, kuschelige Yin-Atmosphäre.

Auch die Gesamtform eines Wohn- oder Bürogebäudes beeinflusst die Art und den Fluss der dort vorhandenen Energie. Gebäude, die von oben lang und schmal sind, etwa Kirchen, erzeugen eher Yin-Energie. Runde, achteckige oder quadratische Gebäude sind eher Yang-betont. Die Albert Hall in London ist ein gutes Beispiel für ein rundes Gebäude, das eine begeisternde, anregende Yang-Atmosphäre begünstigt. Wohnhäuser und Gebäude, die sich in mehrere Richtungen ausdehnen, verlangsamen den Chi-Fluss, sodass eine mehr Yin-betonte Atmosphäre entsteht.

Sonderformen

Große Räume mit hoher Decke, etwa Kathedralen, Tanzsäle oder Museen, fördern einen vertikalen Chi-Fluss. Diese Bewegung überträgt sich auf die Menschen und macht es ihnen leichter, sich mit der Chi-Energie von Himmel und Erde verbunden zu fühlen, was geistig anregend wirkt, originelle Ideen hervorbringt und ganz generell der Beschäftigung mit wichtigen Lebensthemen dienlich ist.

In breiten Räumen mit niedriger Decke fließt das Chi eher horizontal. Dies unterstützt die Verbundenheit mit dem, was um Sie herum ist, und damit das Gefühl der Nähe zu anderen Menschen; solche Räume machen es leichter, Gefühle zu äußern und Ideen auszutauschen. Ein Restaurant mit niedriger Decke bietet des-

Ich habe meine besten Eingebungen zum Bücherschreiben oft in Gebäuden mit hoher Decke. In ihnen bewegt die Chi-Energie sich senkrecht und ist Yang-betont. Das regt das Denken an und fördert originelle Einfälle.

halb den passenden Rahmen für eine offene Aussprache mit einem wichtigen Menschen.

In quadratischen oder kreisförmigen Räumen ist die Chi-Energie kompakter. Diese Bewegung erzeugt mehr Yang-Energie, sodass Sie sich wacher und dynamischer fühlen. Solche Räume sind ideal, um Dinge zu erledigen, und eignen sich als Arbeitszimmer, Büro oder Küche.

Seien Sie allerdings vorsichtig mit kreisförmigen Räumen; das Chi kann dort zwar nicht in den Ecken stagnieren, aber dafür ist die Gefahr größer, dass es im Raum hin und her wirbelt. Das kann bei Ihnen zu Desorientiertheit und Verwirrung führen. In runden Räumen kommt es auch eher zu schnellen Veränderungen; also meiden Sie sie, wenn Sie mehr Stabilität im Leben brauchen, und suchen Sie sie auf, wenn Ihnen eine Portion Spontaneität gut täte.

Ein lang gestreckter Raum ist Yin-betonter, was für zarte Gefühle und die Phantasie günstig ist.

Lange, schmale, rechteckige oder ovale Räume stärken die Yin-Energie. Das gilt besonders für ovale Räume, in denen die Chi-Energie wegen der fehlenden Ecken reibungslos fließen kann. In rechteckigen Räumen ist die Chi-Energie ungleichmäßig verteilt, weil vier der Acht Richtungen stärker betont sind als die anderen. Ein länglicher Raum in Nord-Süd-Richtung etwa hat viel nördliche und südliche, aber wenig östliche und westliche Energie. Solche Räume haben je nach ihrer Ausrichtung eine charakteristische Atmosphäre, die sich auch mit Feng-Shui-Mitteln nur schwer korrigieren lässt.

Die Form eines Raums lässt sich kaum verändern, aber mit Feng-Shui-Maßnahmen, etwa Pflanzen, können Sie den Fluss der Chi-Energie verändern.

Die Höhe der Sitzgelegenheiten ist ebenfalls wichtig. Ein hoher Stuhl verbindet Sie mit der aufwärts strebenden Holz-Chi-Energie, die wach, aktiv und ehrgeizig macht. Wenn Sie dagegen auf einem niedrigen Sessel oder Sofa sitzen, sind Sie mit der eher gemächlichen Erd-Chi-Energie in Kontakt, die vor allem Entspannung und Verbundenheit unterstützt.

Probleme am Arbeitsplatz

Problem

Es wurmt mich, dass andere bei der Arbeit offenbar besser reden können als ich. Kollegen und Kunden hören ihnen andächtig zu, und ihre Ideen werden begeistert akzeptiert. Wie kann ich meine Vorstellungen effizienter vermitteln?

Lösung

Nehmen Sie mehr südöstliche und mehr südliche Chi-Energie auf: Der Südosten verbessert die zwischenmenschlichen Kontakte, der Süden hilft Ihnen, Ihre Gedanken nachdrücklicher zu äußern. Auch mehr Yang wäre günstig, denn dann werden Sie sich eher behaupten und mehr Zutrauen in Ihre Fähigkeiten haben.

Bei der Arbeit nehmen Sie mehr südöstliche und südliche Energie auf, wenn Sie bei Besprechungen mit Blick in eine dieser Richtungen sitzen. Tragen Sie Kleidung mit Längsstreifen, Zackenmuster oder Tupfen in Dunkelgrün, Dunkelblau oder leuchtendem Purpur, das umgibt Sie ebenfalls mit diesen vorteilhaften Energien.

Achten Sie darauf, dass der Süden und der Südosten Ihres Büros oder Arbeitsbereichs sauber und aufgeräumt sind. Hohe Pflanzen oder ein Aquarium mit flinken Fischen im Südosten Ihres Schreibtisches oder Büros verhelfen der südöstlichen Chi-Energie zu mehr Einfluss. Zu Hause geben helles Licht, Kerzenlicht oder Pflanzen mit spitzen Blättern, etwa Yuccas, der südlichen Chi-Energie Auftrieb.

Mehr Yang-Energie umgibt Sie, wenn Ihr Wohn- und Arbeitsbereich gut durchorganisiert ist und nichts herumliegt. Harte Oberflächen, zum Beispiel solche aus Stein, Glas oder Marmor, und leuchtende Farben wie Orange, Rot und Purpur beschleunigen den Chi-Fluss und sorgen für mehr Yang. Auch eine Ernährung mit viel Fisch, Getreide und Wurzelgemüse, intensive körperliche Bewegung an der frischen Luft und Wettbewerbs- oder Kampfsportarten stärken die Yang-Energien.

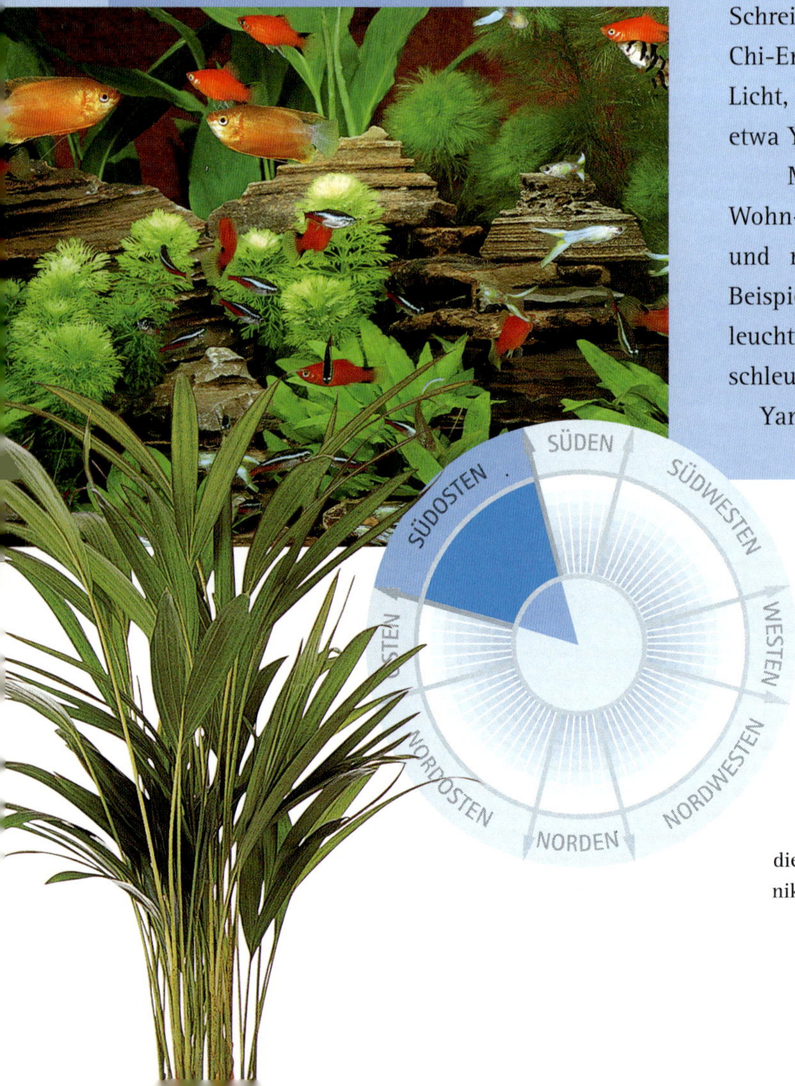

Ein Aquarium mit flinken Fischen im Südosten oder Pflanzen mit spitzen Blättern im Süden Ihrer Wohnung aktivieren die Energie, die Sie zu einem Kommunikationsprofi macht.

Problem

Ich bin bei Beförderungen verschiedentlich übergangen worden und habe das Gefühl, nicht die Anerkennung zu bekommen, die ich verdiene. Wie kann Feng Shui das ändern?

Lösung

Diese Problematik lässt auf einen Mangel an nordwestlicher und südlicher Chi-Energie schließen. Die ernste Chi-Energie des Nordwestens hat mit Dominanz, Verantwortungsgefühl und Respekt zu tun; die feurige, lodernde Chi-Energie des Südens macht es Ihnen leichter, aus sich herauszugehen und Aufmerksamkeit zu erregen.

Zur Stärkung der nordwestlichen Chi-Energie in Ihrer häuslichen Umgebung eignet sich eine runde Pendeluhr mit möglichst vielen Metallteilen im Nordwesten Ihrer Wohnung oder Ihres Büros oder auch eine Schreibtischoberfläche, eine Lampe oder ein Aktenschrank in Altweiß, Grau oder Silber.

Wählen Sie diese Farben auch für Ihren Aktenkoffer, den Terminkalender, Notizbücher und andere Büroutensilien. Tragen Sie eine runde Armbanduhr, runde Manschettenknöpfe und anderen kreisförmigen Schmuck aus Metall.

Die südliche Chi-Energie mobilisieren Sie durch eine helle, direkte Beleuchtung oder Kerzenlicht im Süden Ihrer Wohnung sowie leuchtendes Purpur, das sich für persönliche Accessoires und dekorative Gegenstände im Büro eignet. Eine einfache Möglichkeit, diese Farbe in Ihr Büro zu holen, sind Pflanzen mit purpurnen Blüten, etwa ein Usambaraveilchen, das Sie auf Ihren Schreibtisch stellen.

Setzen Sie sich bei der Arbeit mit Blick nach Nordwesten oder Süden an den Schreibtisch, und achten Sie darauf, dass diese Bereiche in Ihrem Büro sauber und aufgeräumt sind.

Am ehesten werden Sie befördert, wenn Ihre Neun-Ki-Zahl im Nordwesten, Süden, Osten oder Südosten liegt.

Büroaccessoires in Silber, Grau oder Altweiß stärken die nordwestliche Chi-Energie, die Ihre Führungsqualitäten fördert und Ihnen den Respekt anderer einbringt.

Problem

Ich leite ein kleines Team, aber oft mache ich eine Arbeit lieber selbst, als Zeit damit zu vertun, sie jemand anderem zu erklären. Wie kann ich lernen, Arbeit zu delegieren?

Lösung

Die Chi-Energie des Ostens entspricht dem Frühling und dem Sonnenaufgang und damit Zeiten, in denen man frische Energie hat, aktiv wird und Dinge erledigt. Aber zu viel von dieser Energie kann ungeduldig machen, und dann erledigen Sie Arbeiten lieber selbst, als anderen beizubringen, wie es geht.

Wenn Sie mehr delegieren wollen, müssen Sie daher den Einfluss der östlichen Chi-Energie dämpfen und sich stattdessen mit mehr nordwestlicher Chi-Energie umgeben. Sie verbessert Ihre Führungsqualitäten und lenkt den Blick auf das Endergebnis, sodass Sie die Vorteile des Delegierens sehen.

Die Chi-Energie des Ostens hat einen Bezug zur Holz-Chi-Energie, die vermindert wird, wenn Sie mehr Feuer-Energie erzeugen. Also zünden Sie im Osten Ihrer Wohnung oder Ihres Büros Kerzen an, verwenden Sie dort Ziergegenstände und Dekostoffe in Blasslila oder stellen Sie eine Grünlilie in diese Bereiche. Schlafen Sie nicht mit dem Kopf nach Osten und vermeiden Sie es, bei der Arbeit mit Blick in diese Richtung zu sitzen.

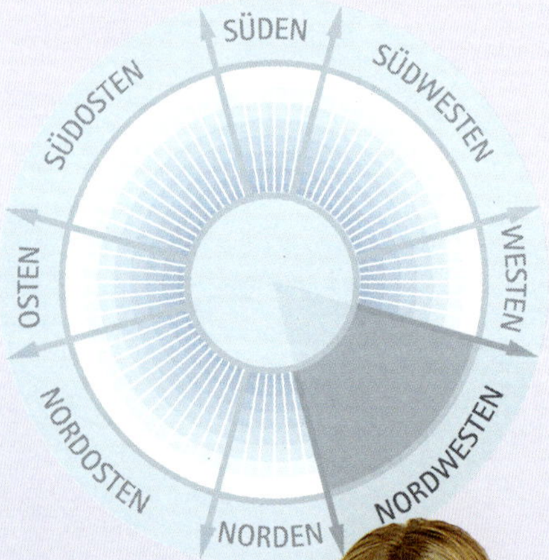

Um mehr nordwestliche Chi-Energie aufzunehmen, sollten Sie mit dem Kopf nach Nordwesten schlafen und Ihren Schreibtisch so umstellen, dass Sie im Nordwesten des Büros mit Blick nach Südosten sitzen. Diese Anordnung führt Ihnen sowohl die Führungsqualitäten der nordwestlichen als auch die Kommunikationsvorteile der südöstlichen Chi-Energie zu.

Ihr Widerstand gegen das Delegieren kann auch ein Zeichen für zu viel Yang sein. Dann sollten Sie Ihr Yin stärken: Essen Sie viel Obst und Gemüse und gehen Sie ruhigen, entspannenden Freizeitbeschäftigungen nach, etwa Tai Chi.

Die Chi-Energie des Nordwestens macht das Delegieren leichter. Stellen Sie Ihren Schreibtisch in den Nordwesten Ihres Büros, damit sie Ihnen vermehrt zufließt.

Problem

Mir fehlen bei der Arbeit oft kreative Einfälle und Lösungen. Was kann ich tun, um kreativer zu werden und meine Phantasie anzuregen?

Lösung

Eine stark Yang-geprägte Umgebung kann die Kreativität ersticken; also brauchen Sie mehr Yin, das Ihre Phantasie beflügelt und Ihnen neue Ideen eingibt. Eine weitere Feng-Shui-Maßnahme ist die Zufuhr von mehr südöstlicher Chi-Energie. Sie entspricht dem Morgen und dem Übergang vom Frühjahr zum Sommer – Zeiten also, in denen die Energie aufsteigt und alles wächst und sich erneuert. Dem Südosten wird als Symbol der Wind zugeordnet; wenn Sie mehr von dieser Energie aufnehmen, können Sie daher Ihre Ideen so verbreiten, wie der Wind die Samen zerstreut und fruchtbar werden lässt.

Yin-betonter werden Sie, wenn Sie viel Gemüse, Salat und Obst essen und auf extrem Yang-lastige Lebensmittel wie zum Beispiel Fleisch, Eier und salzigen Käse verzichten. Tragen Sie öfter Kleidung in blassen Farben und legen Sie sich ruhige, entspannende Hobbys zu. Malen, Musizieren und Töpfern sind Yin-Hobbys, die Ihre Kreativität und Ihre Phantasie anregen.

Versuchen Sie auch, aus festgefahrenen Abläufen auszubrechen und einmal etwas anders zu machen als bisher. Vielleicht hilft es Ihnen, wenn Sie sich länger in Gebäuden mit hoher Decke aufhalten, etwa Kathedralen und Museen.

Zur Stärkung der südöstlichen Chi-Energie können Sie ein Wasserobjekt, etwa eine Schale mit Wasser, das Sie jeden Morgen erneuern, hohe Pflanzen oder Möbel und Ziergegenstände aus Holz im Südosten Ihrer Wohnung platzieren. Tragen Sie möglichst oft dunkelgrüne und himmelblaue Kleidung und wählen Sie diese Farben auch für Dekostoffe und Ziergegenstände im Südosten Ihrer Wohnung.

Ausgefallene Kunstwerke in der Wohnung und im Büro können Ihrer Phantasie ebenfalls auf die Sprünge helfen.

Nehmen Sie mehr Yin-Energie auf, dann haben Sie mehr Phantasie: Betreiben Sie ein kreatives und entspannendes Hobby, etwa Malen, und tragen Sie Kleidung in blassen Farben.

Problem

Ich lasse mich leicht ablenken und mache dann bei der Arbeit dumme Fehler. Ich fürchte, dass das meine Zukunft bei der Firma gefährdet. Wie kann Feng Shui mir helfen?

Sie können sich besser konzentrieren, wenn Sie mehr Yang-Energie aufnehmen: Betreiben Sie einen Freiluftsport und essen Sie viel Fisch und andere Yang-Lebensmittel.

Lösung

Da Konzentrationsmangel im Feng Shui meist ein Zeichen für zu viel Yin ist, brauchen Sie als Erstes mehr Yang. Auch mehr südwestliche Chi-Energie in Ihrer Umgebung ist von Vorteil. Sie entspricht dem Nachmittag und dem Übergang vom Sommer zum Herbst – Phasen, in denen in der Natur eine qualitativ höhere Stufe erreicht wird: Pflanzen tragen nun reifende Früchte.

Für Sie bedeutet diese Energie, dass Sie sich nicht mehr gedankenlos auf Unwichtiges stürzen und dann bei der Arbeit Fehler machen, sondern sich bemühen, nur gute Arbeit abzuliefern, was Ihre Aufstiegschancen verbessern wird.

Sie nehmen mehr Yang auf, wenn Sie Kleidung in leuchtenden Farben tragen und mehr Vollwertgetreide, Wurzelgemüse und Fisch essen. Ein Freiluftsport, bei dem Sie permanent hellwach sein müssen, wie zum Beispiel Tennis, Fußball oder Golf, trainiert ganz generell Ihre Konzentration und stärkt die Yang-Energien.

Von mehr südwestlicher Chi-Energie sind Sie umgeben, wenn Sie eine gelb blühende Pflanze in einem Tongefäß in den Südwesten Ihrer Wohnung oder Ihres Büros stellen. Holen Sie die Farben Schwarz, Gelb, Braun oder Beige in Ihren Wohn- oder Arbeitsbereich – geeignete Gegenstände dafür sind Möbel, Kissen und andere Wohnaccessoires. Schlafen Sie mit dem Kopf nach Südwesten und sitzen Sie am Arbeitsplatz mit Blick in diese Richtung.

Am besten können Sie sich konzentrieren, wenn Ihre Neun-Ki-Zahl im Südwesten, Nordwesten oder Norden liegt. Wenn sie sich im Osten befindet, besteht das Risiko, dass Sie nicht besonders viel Geduld haben und deshalb Flüchtigkeitsfehler machen.

Problem

Ich komme oft zu spät zur Arbeit und bin außerdem meistens schlecht vorbereitet. Ich werde es beruflich nie zu etwas bringen, wenn ich diese beiden Charakterzüge nicht ablege. Was soll ich tun?

Lösung

Unpünktlichkeit ist manchmal vor allem morgens ein Problem; dann müssen Sie dafür sorgen, dass Sie rechtzeitig wach werden (siehe S. 42). Wenn es Ihnen den ganzen Tag über schwer fällt, pünktlich zu sein, brauchen Sie mehr nordwestliche Chi-Energie – sie fördert das Verantwortungsbewusstsein, die Selbstdisziplin und das Organisationstalent. Von dieser Energie sind Sie vermehrt umgeben, wenn Sie eine weiß blühende Pflanze, zum Beispiel eine Calla, in den Nordwesten Ihrer Wohnung stellen oder den Nordwesten Ihres Schreibtischs mit Büroutensilien in Silber, Altweiß oder Grau versehen. Auch eine Uhr mit möglichst vielen Metallteilen im Nordwesten von Schlafzimmer, Wohnung oder Büro ist günstig: Das Metall stärkt die nordwestliche Chi-Energie, und die Uhr gibt Ihnen einen Rhythmus und einen festen Bezugspunkt. Eine gute Alternative zur Uhr ist eine Metallstatuette.

Damit Sie sich besser an wichtige Termine erinnern können, sollten Sie weniger Zucker essen. Zucker ist ein Yin-Nahrungsmittel, was unter anderem bedeutet, dass er vergesslich machen kann. Mineralreiche Lebensmittel wie Miso-Suppe und Wurzelgemüse dagegen können ein planvolleres Vorgehen fördern.

Sie bringen mehr Ordnung in Ihre Arbeitsabläufe, wenn Ihr Schreibtisch sauber und aufgeräumt ist. Ein Schreibtisch, auf dem das Chaos herrscht, macht es schwer, sich als Herr der Lage zu fühlen, was der Unpünktlichkeit Tür und Tor öffnet. Viele einfache Büroutensilien bringen Systematik in die Arbeitsabläufe und verhindern, dass Papierberge sich anhäufen. Verbannen Sie alles, was Sie nicht oft brauchen, in Schubladen. Notieren Sie Ihre Termine in einem Terminkalender, den Sie gut sichtbar auf dem Schreibtisch platzieren, vorzugsweise im Nordwesten. Tragen Sie alle Besprechungen, Fristen und Termine in ihn ein und sehen Sie tagsüber immer wieder hinein.

Gesunder Menschenverstand

Wie in allen anderen Fällen auch führen diese Maßnahmen nur zum Ziel, wenn Sie wirklich pünktlicher und ordentlicher werden wollen. Unerwünschte Gewohnheiten können Sie nur ablegen, wenn Sie Ihre Ursachen verstehen.

NORDWESTEN

Problem

Bei der Arbeit werde ich anderen gegenüber zunehmend ungeduldig, und manchmal verliere ich die Beherrschung. Das belastet die Beziehung zu meinen Kollegen. Was kann ich tun, damit ich ruhig bleibe?

Besser nicht

Schlafen Sie nicht mit dem Kopf nach Osten und vermeiden Sie möglichst, dass Ihr Blick vom Schreibtisch aus in diese Richtung geht.

Lösung

Im Feng Shui haben Ärger, Wut und Reizbarkeit mit der donnernden Chi-Energie des Ostens zu tun. Auch zu viel Yang trägt dazu bei, dass Sie angespannt und kurz angebunden sind. Damit die Beziehung zu Ihren Kollegen besser wird, sind daher weniger östliche Chi-Energie und mehr Yin zu empfehlen. Die Chi-Energien des Südwestens und Westens dagegen sollten Sie stärken, denn sie machen toleranter, umgänglicher und spielerischer.

Die östliche Chi-Energie können Sie schwächen, wenn Sie im Osten Ihrer Wohnung Kerzen anzünden oder blasses Purpur in diesen Bereich holen.

Mehr südwestliche Chi-Energie nehmen Sie auf, wenn Sie eine Tonvase mit gelben Blumen in den Südwesten von Wohnung oder Büro stellen. Die westliche Chi-Energie aktivieren Sie durch rosafarbene Blumen in einer Metallvase, die Sie im Westen Ihrer Wohnung oder Ihres Büros platzieren. In Ihrem persönlichen Chi-Feld vermehren Sie diese Energien, wenn Sie Kleidung in Rosa bzw. Schwarz tragen und mit dem Kopf nach Südwesten oder Westen schlafen.

Zur Stärkung des Yin-Einflusses sollten Sie mehr Rohkost und Obst essen und auf Fleisch, Eier, Salz, Zucker, Kaffee, Gewürze und Alkohol weitgehend verzichten. Langfristig rate ich auch zu einem entspannenden Hobby, etwa Yoga, Meditation oder Tai Chi, mit denen Aggressivität sich sehr gut kontrollieren lässt.

Rosafarbene Blumen im Westen von Wohnung oder Büro beleben die verspielte Chi-Energie des Westens, was die Beziehung zu Ihren Kollegen verbessern kann.

Problem

Ich bin bei der Arbeit oft mit kurzfristigen Terminen konfrontiert, deren Einhaltung mit viel Stress verbunden ist. Wie kann ich den Stress reduzieren?

Lösung

Ihr Büro sollte so funktional eingerichtet sein, dass Sie produktiv arbeiten und Ihre Termine einhalten können, gleichzeitig aber so entspannend, dass Stress gar nicht erst entsteht.

Zur Funktionalität trägt bei, wenn alles, was Sie brauchen, in Schränken und Schubladen einen festen Platz hat, sodass Sie es leicht wieder finden. Dann liegt nichts herum, und die Schreibtischoberfläche ist frei, sodass das Chi sich ungehindert bewegen kann.

Das entspannende Ambiente stellen Sie durch möglichst viele Pflanzen her. Sie sorgen für einen weichen Chi-Fluss und eine lebendige, frische, aktive Atmosphäre. Elektrosmog (siehe S. 82–83) kann das Denken behindern und diffuse Angstgefühle auslösen; bringen Sie deshalb elektrische Geräte möglichst weit weg von sich unter. Möbel aus natürlichen Materialien machen den Chi-Fluss harmonischer. Massivholz, Metall und Stoffe aus reiner Baumwolle sind besser als Spanplatten, Plastik oder Synthetik.

Die Richtung, in die Sie vom Schreibtisch aus sehen, bringt Sie mit unterschiedlichen Energien in Kontakt, die Ihnen alle auf ihre Weise nützlich sein können. So entsteht beim Blick nach Nordwesten zum Beispiel das Gefühl, selbstbestimmter zu arbeiten. Der Blick nach Südosten erleichtert ein stetes, stressfreies Fortschreiten der Arbeit, und der Blick nach Südwesten fördert ein methodischeres, praktischeres Vorgehen. Vermeiden Sie den Blick nach Süden, denn dann fühlen Sie sich unter Umständen noch mehr gestresst; auch der Westen und der Norden sind ungünstig, weil diese Richtungen Ihren Vorsatz, Termine einzuhalten, unterminieren können. Setzen Sie sich immer möglichst so, dass Sie den ganzen Raum einschließlich der Tür im Blick haben, denn dann fühlen Sie sich sicher und jedem Angreifer gewachsen.

Problem

Die Beziehung zu meinem Chef hat sich verschlechtert. Wir nerven uns gegenseitig, und das beeinträchtigt natürlich meine Arbeit. Gibt es für dieses Dilemma eine Feng-Shui-Lösung?

Verhüllen Sie scharfe, vorstehende Kanten mit Stoff oder stellen Sie buschige Pflanzen davor, um den schnellen Chi-Fluss zu bremsen, der nervös und reizbar machen kann. Wenn die Ecke eines Nachbargebäudes auf Ihren Arbeitsplatz zeigt, weist ein konvexer Spiegel außen an Ihrem Gebäude das attackierende Chi ab.

Lösung

Ein Grund für Ihr Problem könnte sein, dass Sie oder Ihr Chef in einem Bereich des Büros sitzen, in dem die Chi-Energie sich zu schnell bewegt. Ein solcher Energiefluss kann unruhig und nervös machen; er entsteht, wenn scharfe oder vorstehende Kanten auf Ihren Schreibtisch gerichtet sind, die Ecke eines Nachbargebäudes in Ihre Richtung zeigt oder Ihr Schreibtisch am Ende eines langen Flurs oder Durchgangs steht. Den durch scharfe Kanten verursachten Chi-Fluss verlangsamen Sie, wenn Sie buschige Pflanzen vor die Kanten stellen oder die Ecken von Aktenschränken und Schreibtischen mit Stoff verhüllen. Wenn Sie sich für Möbel mit gerundeten Kanten entscheiden, gehen Sie dieser Situation von vornherein aus dem Weg.

Wenn die Ecke eines Nachbargebäudes auf Ihren Arbeitsplatz zeigt, kommt als langfristige Lösung das Anpflanzen von Bäumen und Sträuchern zwischen Ihrem Gebäude und der attackierenden Ecke in Frage. Alternativ können Sie das schädliche Chi abweisen, indem Sie einen konvexen Spiegel, eine Metallscheibe oder etwas anderes, das glänzt und reflektiert, an der Außenwand Ihres Gebäudes gegenüber der attackierenden Ecke anbringen.

Den rasanten Chi-Fluss in einem langen Flur bremsen Sie, wenn Sie Spiegel an die Wände hängen. Bringen Sie die Spiegel versetzt an und stellen Sie jedem Spiegel gegenüber eine buschige Pflanze auf.

Wenn Sie und Ihr Chef im selben Raum arbeiten, sollten die Schreibtische so stehen, dass Sie im rechten Winkel zueinander sitzen, und beide vom Schreibtisch aus die Tür sehen können. Zur weiteren Verbesserung der Situation können Sie eine buschige Pflanze zwischen Ihren Schreibtischen platzieren. Am besten stellen Sie Ihren Schreibtisch so, dass Ihr Blick nach Südwesten, Westen, Nordwesten oder Südosten geht, denn das führt Ihnen eine friedliche, gelassene Energie zu.

Problem

Wenn mein Chef oder Kollegen mich um einen Gefallen bitten, sage ich oft Ja, um eine Konfrontation zu vermeiden. Im Allgemeinen ärgere ich mich dann hinterher darüber. Was würde mich selbstsicherer machen?

Lösung

Werden Sie Yang-betonter, dann nehmen Sie Ihre wahren Gefühle ernster und lassen sich weniger leicht von anderen einschüchtern. Umgeben Sie sich auch verstärkt mit der donnernden Chi-Energie des Ostens, die das Selbstvertrauen aufbaut und Ihnen hilft, sich zu behaupten.

Die östliche Chi-Energie vermehren Sie durch ein Wasserobjekt, hohe Pflanzen sowie Möbel und Gegenstände aus Holz im Osten Ihrer Wohnung oder Ihres Büros. Die Stoffe, die Sie zur Dekoration verwenden, und auch Ihre Kleidungsstücke sollten leuchtend grün sein und Längsstreifen haben. Nachts nehmen Sie die östliche Chi-Energie vermehrt auf, wenn Sie mit dem Kopf nach Osten schlafen. Alternativ kommen der Nordwesten und der Nordosten in Frage, die dafür sorgen, dass Sie respekteinflößender wirken bzw. zuerst an sich selbst denken.

Um mehr Yang-Energie aufzunehmen, sollten Sie als Erstes Ihre Ernährung auf Yang-Lebensmittel umstellen, das heißt mehr Fisch, Vollwertgetreide und Wurzelgemüse und generell mehr heiße Mahlzeiten essen, etwa Suppen. Um kalte Speisen und alles, was Zucker enthält, sollten Sie einen großen Bogen machen, denn es erzeugt Yin und verstärkt die Tendenz, sich alles gefallen zu lassen.

Ihre Wohnung wird Yang-betonter, wenn Sie einen gründlichen Hausputz halten und alles, was Sie nicht mehr brauchen, entsorgen. Schaffen Sie viel freie Fläche und lassen Sie nichts herumliegen, dann kann das Chi sich schnell und ungehindert bewegen. Auch ein paar leuchtende Farbtupfer erzeugen Yang-Energie.

Problem

Ich mache meinen Job schon seit Jahren, und es fällt mir immer schwerer, mich für meine Arbeit zu begeistern. Mir fehlt die Motivation, und meist drifte ich so durch den Tag. Wie kann ich diese Situation mit Feng Shui verbessern?

Lösung

Fehlende Motivation ist ein Zeichen für zu viel Yin, also wäre es günstig, wenn Sie mehr Yang-Energie bekommen. Auch die durchdringende Chi-Energie des Nordostens fördert die Motivation, denn sie hilft Ihnen beim Aufspüren und Realisieren neuer Chancen. Die Chi-Energie des Ostens schließlich macht zuversichtlicher, begeisterter und optimistischer und sollte deshalb ebenfalls aktiviert werden.

Ihr Büro wird Yang-betonter, wenn es aufgeräumt ist, denn dann hat die Chi-Energie viel Platz, um sich ungehindert zu bewegen. Lassen Sie auf Ihrem Schreibtisch nichts herumliegen, und statten Sie Ihren Arbeitsbereich mit ein paar Dingen in leuchtenden Yang-Farben aus, etwa einem Notizblock in Rot oder einem Briefbeschwerer in Orange. Treiben Sie mehr Sport im Freien und essen Sie Yang-betonter, etwa warme Gerichte mit Vollkorngetreide, Fisch und Gemüse.

Da dem Nordosten als Symbol der Berg zugeordnet wird, bringen weiße Steine in diesem Bereich von Wohnung oder Büro die entsprechende Energie in Bewegung. Auch Stoffe und Haushaltsutensilien in leuchtendem Weiß stärken sie. Die zum Nordosten gehörende Erd-Energie wird von der Feuer-Energie gespeist und daher auch dadurch intensiviert, dass Sie im Nordosten ein paar Kerzen anzünden.

Damit Ihnen mehr östliche Chi-Energie zufließt, empfiehlt sich für den Osten von Büro oder Wohnung ein kleiner Zimmerbrunnen oder ein anderes Objekt mit bewegtem Wasser. Dem Osten entspricht die Farbe Grün – also platzieren Sie dort hohe Pflanzen oder andere Dinge in Grün. Auch Möbel und Oberflächen aus Holz bauen die östliche Chi-Energie auf.

Am ehesten sind Sie motiviert und von Ihrer Arbeit begeistert, wenn Ihre Neun-Ki-Zahl im Nordosten oder im Osten liegt.

Leuchtend weiße Kleidung umgibt Sie verstärkt mit der Chi-Energie des Nordostens, die für mehr Begeisterung und Motivation bei der Arbeit sorgt.

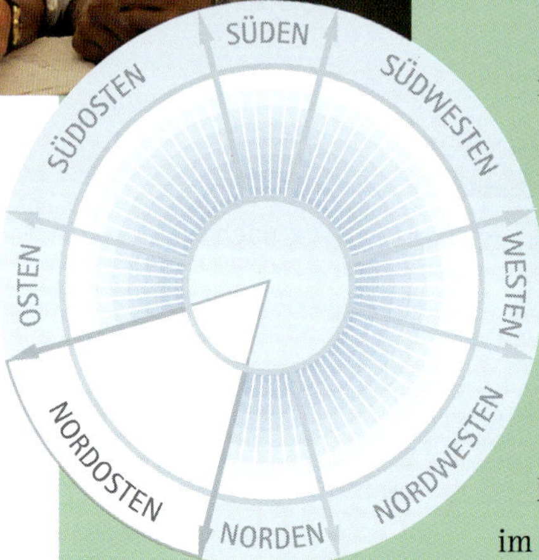

Problem

Die kleinlichen Eifersüchteleien, das Konkurrenzdenken und der abschätzige Tratsch im Büro machen mich nervös. Kann Feng Shui dagegen helfen?

Lösung

Bürointrigen sind leider eine Tatsache. Auch wenn Sie sie wohl nicht verhindern können, lässt ihre negative und beunruhigende Wirkung sich einschränken. Dazu müssen Sie unabhängiger werden und lernen, das, was um Sie herum passiert, distanzierter zu sehen. Im Idealfall sollten Sie von den anderen für jemand gehalten werden, der über diesen Dingen steht. Denken Sie auch daran, dass Klatsch Sie umso weniger berühren wird, je selbstbewusster Sie sind.

Unabhängiger und objektiver werden Sie durch mehr nördliche Chi-Energie. Sie hat einen Bezug zur Wasser-Chi-Energie, die Sie in Stand setzt, sich nicht von den Problemen anderer Leute beeinflussen zu lassen. Sie nehmen diese günstige Energie auf, wenn Sie Ihren Schreibtisch so drehen, dass Ihr Blick nach Norden geht. Cremefarbene Blumen auf dem Schreibtisch verstärken diese ruhige Energie. Unabhängigkeit und Objektivität fallen Ihnen am leichtesten, wenn Ihre Neun-Ki-Zahl im Norden liegt.

Wenn Sie als Autorität auftreten und Ihren Kollegen Respekt einflößen, werden Sie wahrscheinlich weniger in ihre kleinlichen Eifersüchteleien und ihren Tratsch einbezogen. Sie wirken verantwortungsbewusster, wenn Sie mit Blick nach Nordwesten sitzen. Auch ein förmliches Äußeres unterstützt dieses Ziel. Der Nordwesten entspricht der Metallenergie – also umgeben Sie sich mit Gegenständen aus Metall, etwa einer Lampe oder einem Briefbeschwerer. Auch Ihre persönlichen Accessoires – Uhr, Schmuck usw. – sollten aus Metall sein. Altweiß, Hellgrau und Silber verstärken die nordwestliche Chi-Energie ebenfalls und eignen sich für Kleidungsstücke und Büroutensilien. Es fällt Ihnen leichter, würdevoll aufzutreten und Respekt einzuflößen, wenn Ihre Neun-Ki-Zahl im Nordwesten liegt.

Die östliche Chi-Energie macht selbstsicherer, sodass diese Nebensächlichkeiten Sie kalt lassen und Klatsch Sie nicht aus der Fassung bringt. Sie nehmen diese Energie vermehrt auf, wenn Sie mit Blick nach Osten sitzen, viele Pflanzen um sich haben und sich auch sonst mit leuchtendem Grün umgeben.

Das stärkste Selbstwertgefühl haben Sie, wenn Ihre Neun-Ki-Zahl den Osten besetzt. Am schwersten fällt es Ihnen, den Bürointrigen aus dem Weg zu gehen, wenn Ihre Neun-Ki-Zahl im Süden oder im Südwesten liegt.

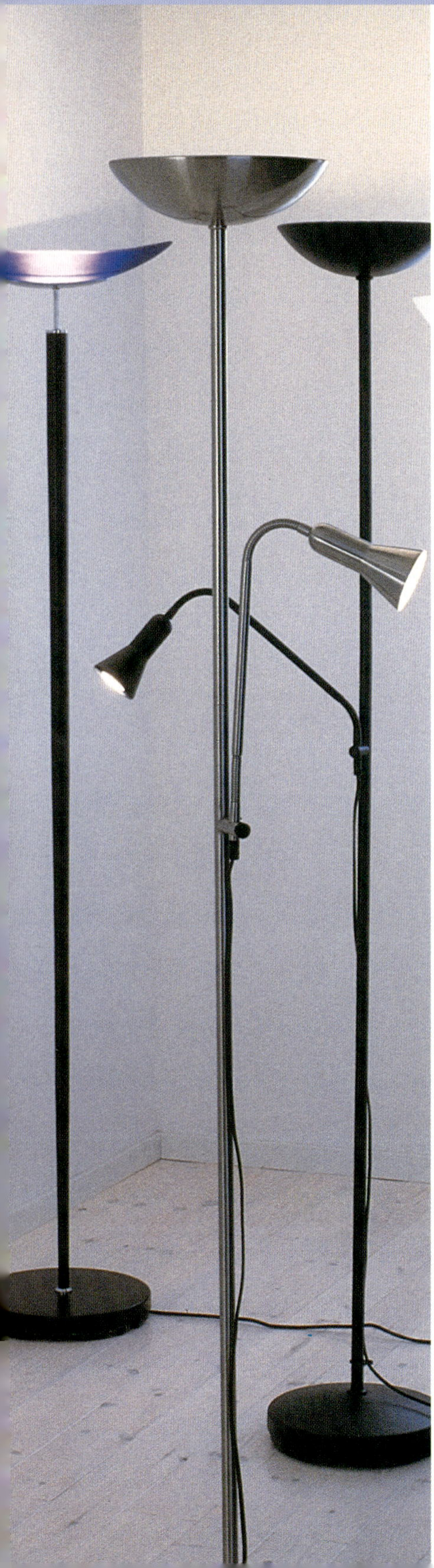

Beleuchtung

Licht erzeugt eine feurige Yang-Energie; ein Raum mit vielen Lampen wirkt daher dynamisch und anregend. Weil Lichtwellen auch die in einem Raum vorhandene Chi-Energie aktivieren, sind Lampen vor allem in Bereichen nützlich, in denen das Chi stagnieren könnte, zum Beispiel in Souterrainwohnungen oder -büros, in den Ecken eines Raums, unter tragenden Balken und in Räumen mit niedriger Decke oder Dachschrägen. Lichtquellen im Süden eines Raums vermehren die Feuer-Chi-Energie. Im Südwesten, Nordosten oder in der Mitte eines Raums stärken sie die Erd-Chi-Energie, die von der Feuer-Energie gespeist wird.

Im Idealfall haben Gebäude große Fenster, damit viel Tageslicht hereinkommt und man künstliches Licht nur abends oder an dunklen Tagen braucht.

Licht für alle Gelegenheiten

Es gibt unterschiedliche elektrische Lichtquellen; die folgenden Informationen erleichtern es Ihnen, in einem Raum die gewünschte Atmosphäre herzustellen.

Glühbirnen geben ein gleichmäßiges Licht ab und eignen sich deshalb als generelle Haushaltsbeleuchtung. Sie erhöhen die Chi-Energie in einem weiten Bereich relativ einheitlich. Ihr Licht ist leicht orangestichig und unterstützt eine warme, Yin-betonte Atmosphäre.

Mit Spotleuchten können Sie das Licht auf eine Stelle lenken und so die Chi-Energie in bestimmten Bereichen aktivieren, etwa an einem Schreibtisch oder über dem Küchentisch.

Halogenleuchten geben ein intensives Licht ab, das ideal ist, um den Chi-Fluss in Bereichen anzuregen, in denen er stagniert. Die Lampen sind sehr kompakt und lassen sich relativ einfach in die Decke integrieren. Man findet sie auch oft in Stehlampen, die das Licht nach oben oder nach unten werfen.

Deckenstrahler, Spotleuchten und andere Stehlampen sind einfache Feng-Shui-Hilfsmittel, die sich ohne viel Aufwand in Ihre Wohnung integrieren lassen. Neben der eigentlichen Lichtquelle beeinflussen auch Farbe und Material der Lampe das Chi.

Deckenstrahler verstärken einen nach oben gerichteten Energiestrom, was besonders bei niedrigen Decken oder Dachschrägen von Vorteil ist. Wenn Sie das Licht auf die Decke richten, wirkt diese höher, als sie tatsächlich ist. Auf die Wände gerichtetes Licht wird in den Raum reflektiert und erzeugt eine Yin-Atmosphäre. Je heller die Wandfarbe ist, desto mehr Licht wird zurückgestrahlt.

Tisch- oder Bodenlampen machen einen Raum gemütlicher. Lampenschirme aus Stoff oder Papier stellen eine Yin-betonte Atmosphäre her, solche aus Metall oder Glas eine weniger entspannende Yang-Atmosphäre.

Leuchtstoffröhren strahlen ein kaltes, blaustichiges Licht ab, das eine härtere, Yang-betonte Atmosphäre erzeugt. Sie geben auch mehr elektrische bzw. elektromagnetische Strahlung ab, was zu Kopfschmerzen und geistiger Erschöpfung führen kann. Deshalb rate ich davon ab, sie in der Wohnung zu verwenden.

Eine weiche, indirekte Beleuchtung bringt mehr Yin in einen Raum. Das Licht, das von Kerzen oder Tischlampen mit Stoffschirm ausgeht, schafft eine behagliche, weiche, romantische Atmosphäre.

Kerzenlicht

Kerzenlicht hat von allen Beleuchtungsarten am meisten Yin-Energie, weil Kerzen ein weiches, orange getöntes Licht und keine elektrische oder elektromagnetische Strahlung abgeben. Verwenden Sie Kerzenlicht, um eine sanfte, romantische Atmosphäre zu schaffen, die für Schlaf-, Wohn-, Ess- und sogar Badezimmer passt.

Die Farbe der Kerzen beeinflusst die von ihnen erzeugte Chi-Energie sehr stark. Rote oder rosafarbene Kerzen etwa sind günstig, wenn Sie in einem Raum eine romantische Atmosphäre herstellen wollen; cremefarbene Kerzen passen für eine ruhige, stille Atmosphäre. Weitere Informationen zu den verschiedenen Farben finden Sie auf S. 114–115.

Abschied vom Arbeitsleben

Problem

Ich nähere mich dem Rentenalter und möchte meine Arbeitsbelastung allmählich reduzieren. Wie soll ich dazu am besten vorgehen?

Lösung

Nehmen Sie mehr westliche Chi-Energie auf, denn sie entspricht der Ernte und dem Sonnenuntergang – Zeiten also, in denen natürliche Zyklen zu Ende gehen. Sie hat außerdem mit finanzieller Sicherheit zu tun und sorgt dafür, dass Sie mit Ihrem neuen Leben zufrieden sind. Auch die nordwestliche Chi-Energie hilft Ihnen weiter, denn sie steht für Weisheit und unterstützt das Gefühl, den Übergang vom Beruf in den Ruhestand selbstbestimmt vorzunehmen. Diese Energie ist besonders nützlich, wenn Sie vorhaben, auf Teilzeitbasis weiter als Berater tätig zu sein.

Sie nehmen mehr westliche Chi-Energie auf, wenn Ihr Kopf beim Schlafen Richtung Westen liegt oder Ihr Blick beim entspannten Sitzen zu Hause in diese Richtung geht. Auch rosafarbene Blumen in einer Metallvase, Metallmünzen auf einem roten Deckchen oder Zierteller aus Silber im Westen Ihrer Wohnung stärken den Fluss dieser Energie.

Runde, schwere Metallgegenstände sowie silberne oder graue Dekostoffe bauen die nordwestliche Chi-Energie auf und sollten deshalb im Nordwesten Ihrer Wohnung ihren Platz haben; ein geeignetes Objekt wäre etwa eine runde Pendeluhr aus Metall.

Der Übergang von der eher aktiven Yang-Umgebung am Arbeitsplatz zur eher entspannenden Yin-Umgebung zu Hause wird Ihnen auch leichter fallen, wenn Sie selbst ein bisschen Yin-betonter werden. Weiche Stoffe in blassen Farben stellen in Ihrer Wohnung eine friedliche Atmosphäre her. Legen Sie sich ein Yin-Hobby zu, etwa Malen, Gärtnern oder Spazierengehen, und wagen Sie sich an eine Yin-Ernährung mit viel frischem Obst und Gemüse. Der günstigste Zeitpunkt für den Abschied vom Arbeitsleben ist ein Jahr, in dem Ihre Neun-Ki-Zahl im Westen oder Nordwesten liegt.

Register

Danksagung

Da ich dieses Buch an vielen verschiedenen Orten geschrieben habe, möchte ich all denen danken, die mir das Arbeiten dort ermöglicht haben:

Als Allererstes Dragana, meiner Lebensgefährtin, die ein wunderschönes Zuhause geschaffen hat; meiner Mutter Patsy, deren aus dem 14. Jahrhundert stammendes Landhäuschen für mich ein Heiligtum ist; Richard und Katy Vernon und Richard Rudland, die dafür gesorgt haben, dass unsere Ferien in Wales so angenehm waren; Lorenzo Poccianti, dessen phantastisches Schloss in Italien jeden beflügeln würde; Karin Sotirovic, die uns in ihrem Heim in Monaco so herzlich aufgenommen hat; Dusica und Enno, deren gemütliches Chalet in Klosters unser Winterrefugium war; Boy George, dessen gotisches Landhaus eine so großartige, inspirierende Atmosphäre hat; Mary Pisani, die uns in ihren spektakulären Hotels auf Malta so großzügig mit Zimmern versorgte und die Nutzung von Yachten arrangierte; Monique Guion vom Réfuge Napoléon, das in der Nähe von Briançon in Frankreich in einer atemberaubenden Berglandschaft liegt; und Madame Mellot in Sancerre, Charlotte in München und Daniela Giannandrea in Rom.

Schließlich danke ich Amy Carroll und Denise Brown, die meine Buchideen immer unterstützt haben, sowie dem talentierten Team bei Carroll & Brown, insbesondere Madeleine Jennings, meiner Herausgeberin, und Sandra Brooke, der Designerin und Illustratorin dieses gelungenen Buches.

Bildnachweis:
5 (oben) & **43** (rechts) Telegraph Colour Library; (Mitte) & **86** Pictor International; (2. von unten) & **101** Tim Street-Porter/Elizabeth Whiting Associates; (unten) & **143** Ocean Home Shopping Ltd; **7** (2. von unten) & **64** (oben) & **99** (oben) Max Gibbs, Oxford Scientific Films Photo Library; **12** (rechts) RTW Products; **16** G. Hadjo, CNRI/Science Photo Library; **17** (oben) Di Lewis/Elizabeth Whiting Associates; **18** & **55** & **149** (Hintergrund) IKEA; **19** & **31** (unten) Ocean Home Shopping Ltd; **28** (oben) Tom Leighton/Elizabeth Whiting Associates; **33** (rechts) Mark Luscombe-Whyte/Elizabeth Whiting Associates; **37** Telegraph Colour Library; **45** (links) & **49** Max Gibbs, Oxford Scientific Films Photo Library; **48** The Image Bank; **50** (links) Rodney Hyett/Elizabeth Whiting Associates; (rechts) & **154** IKEA; **55** Telegraph Colour Library; **68** (links) The Image Bank; **71** (oben) Michael Dunne/Elizabeth Whiting Associates; **76** & **130** RTW Products; **77** (unten) Max Gibbs, Oxford Scientific Films Photo Library; **82** (oben) Pictor International; (unten) IKEA; **83** (oben) British Airways/Waterside Development; **86** Pictor International; **88** Telegraph Colour Library; **95** & **112** (rechts) Ocean Home Shopping Ltd; **96** Dennis Stone/Elizabeth Whiting Associates; **110** (unten) Tom Leighton/Elizabeth Whiting Associates; **115** Ian Parry/Elizabeth Whiting Associates; **120** (unten) Tony Stone Images; **125** Elizabeth Whiting Associates; **129** (links) & **139** (rechts) Tony Stone Images; (rechts) & **151** Rodney Hyett/Elizabeth Whiting Associates; **133** Ocean Home Shopping Ltd; **134** (oben) Jules Selmes; (unten) British Airways/Waterside Development; **135** (1.–3. von oben) Jules Selmes; (unten) British Airways/Waterside Development; **136** Mark Luscombe-Whyte/Elizabeth Whiting Associates; **141** (oben) Telegraph Colour Library; (unten) Jerry Tubby/Elizabeth Whiting Associates; **142** (oben) Max Gibbs, Oxford Scientific Films Photo Library; **155** (unten) Brian Harrison/Elizabeth Whiting Associates.

Über den Autor

Simon Brown ist von Haus aus Design-Ingenieur. 1981 begann er mit dem Studium der orientalischen Medizin und qualifizierte sich als Shiatsu-Therapeut und Makrobiotik-Berater. Zusätzlich beschäftigte er sich intensiv mit Feng Shui. Er war sieben Jahre lang Direktor der London's Community Health Foundation, einer gemeinnützigen Organisation, die Kurse über japanische und chinesische Therapien abhält. Damals organisierte er einige der ersten Feng-Shui-Kurse, die in England für Laien angeboten wurden. Inzwischen hat er Feng Shui zu seinem Hauptberuf gemacht. Zu seinen Klienten gehören große Unternehmen wie British Airways und The Body Shop und Berühmtheiten wie Boy George. Er schreibt regelmäßig für die Zeitschrift *Feng Shui for Modern Living* und hält Seminare in verschiedenen Städten Europas und der USA. Er hat mehrere Bücher geschrieben, u.a. *Feng Shui. Was Sie wirklich darüber wissen müssen* (Goldmann Taschenbuch 14109) und *Feng-Shui-Praxis. Gesundheit und Wohlstand durch harmonische Raumgestaltung* (Arkana bei Goldmann).

Simon Brown verwendet in all seinen Büchern den japanischen Kompassstil.

Seminare mit Simon Brown veranstaltet:
Feng Shui Concepts
Bruckmannring 28
85764 Oberschleißheim
Tel./Fax 089/3155018
Mobil 0172/9022717